Mi país se desvanece

Mi país se desvanece

MEMORIAS

Bakari Sellers

HarperCollins*Español*

Título original: *My Vanishing Country*

Publicado en inglés por Amistad, HarperOne en 2021

Copyright de la traducción de HarperCollins Publishers

PRIMERA EDICIÓN

Traducción: Gabriel Pasquini

Este libro ha sido debidamente catalogado en la Biblioteca del Congreso de los Estados Unidos.

ISBN 978-0-06-307655-6

21 22 23 24 25 LSC   10 9 8 7 6 5 4 3 2 1

Para Ellen, Kai, Stokely y Sadie

Dios de nuestros años cansados
Dios de nuestras lágrimas calladas
Tú que nos has traído hasta aquí
Tú que, poderoso,
nos guías hacia la luz
te rogamos, mantennos siempre en el camino

—«Lift Every Voice and Sing»,
J. Rosamond Johnson y James Weldon Johnson

CONTENIDO

Negro, del campo, y a toda honra

S oy del llamado País Bajo de Carolina del Sur, donde se entrelazan la belleza, la historia y la desgracia. Basta conducir cincuenta millas en cualquier dirección para hallarse en los mismos campos donde los esclavos —algunos de ellos ancestros no tan lejanos— sudaban sobre el algodón, el índigo, la caña de azúcar, el arroz, el trigo y la soja. Específicamente, soy de Dinamarca, Carolina del Sur, un lugar donde todo el mundo conocía mi apellido; un apellido, según descubrí en mi infancia, teñido por el honor y la infamia.

Para llegar a Dinamarca desde Columbia, la capital del estado, hay que tomar la autopista 321, atravesar campos de maíz y de algodón y pasar raudamente por las hectáreas de miasmas que flotan sobre lechos cenagosos de color verde neón.

Parece entonces que uno hubiera cruzado la mitad del planeta para terminar en un pequeño rincón de «Escandinavia», donde pueblos llamados Noruega, Suecia y, finalmente, Dinamarca se suceden uno tras otro. Los dos primeros son tan pequeñitos que, si uno parpadea, se los pierde. Antes de pasarlos, se pasa rápidamente por una granja de pollos que huele siempre a pura mierda, antes de llegar por fin a Dinamarca, una comunidad de tres mil cuatrocientas almas, casi en su totalidad afroamericanas.

Los visitantes suelen pensar que estos pueblos «escandinavos», que se hallan a nueve millas uno del otro, deben su nombre a colonos nórdicos, pero no es así. De hecho, Dinamarca tomó su nombre de B. A. Dinamarca, un empresario de ferrocarriles del siglo diecinueve, y los pueblos vecinos decidieron mantener la tónica.

Siempre me gustó imaginar algo diferente: que se trataba de un homenaje al gran carpintero, letrado y liberto afroamericano Dinamarca Vesey, condenado y ejecutado por liderar «el levantamiento», una bien planeada revuelta de esclavos en 1822. Siempre me atrajeron el sentido de justicia y la rebeldía de Vesey.

Al pasar por esos pueblitos aislados se puede apreciar tanto las elegantes casas victorianas como las destartaladas casas *shotgun* («escopeta») de no más de doce pies de ancho. Dicen que, de tan angostas, una bala puede atravesarlas en línea recta, desde la puerta principal hasta la trasera, y a eso atribuíamos el nombre. Pero la teoría creciente hoy en día es que deriva de *shogun*, o «casa de Dios», un tipo de casas de África Occidental. Las *shotguns* han tenido un enorme papel en la historia y en el folklore afroamericanos de las regiones profundas del sur, al igual que los edificios abandonados de sus moribundos centros.

Para mí, hay una belleza rústica en esos pueblos fantasma, con sus ruinas que evocan un pasado fructífero. Los centros vacíos provocan nostalgia y pena a la vez. Si voy a una gasolinera en Dinamarca y encuentro parado allí a alguien de mi infancia, sé que ha estado exactamente en el mismo lugar durante más de veinte años.

Dinamarca es enigmático, sobre todo por lo que ofrece hoy en contraste con lo que solía ser. Está a una hora de Augusta, Charleston y Columbia, y alguna vez fue, gracias al viejo B. A., un nudo ferroviario del que entraban y salían trenes de tres grandes compañías. Otrora bullicioso, hoy el centro del pueblo es el ejemplo perfecto de lo que está pasando en todo el olvidado Cinturón Negro rural, un término que antes se refería a una zona famosa por su terreno oscuro y fértil, y que ahora, en cambio, describe a una serie de estados aledaños conocidos por ser la mayor cadena ininterrumpida de pobreza en el país.

La mayoría de los negocios que había en Dinamarca en tiempos de mi padre han cerrado. Todavía subsisten una lavandería y el Poole's Five and Dime, algunos restaurantes y una ferretería, pero es prácticamente todo. Ya no queda hospital en toda la zona. Si uno pasaba por Dinamarca, o por cualquier otro sitio similar de Alabama o Misisipi cuarenta años atrás, los veía vibrantes de energía y vida afroamericanas. Las vías del ferrocarril llevaban al norte, al sur, al este, al oeste: a Chicago, Atlanta, Nueva York y Los Ángeles. Dinamarca tuvo alguna vez una procesadora de pepinillos, una embotelladora de Coca-Cola y una fábrica de muebles. Estaba llena de gente con toda clase de oficios —albañiles, técnicos, obreros de la construcción, panaderos, pintores, cocineros—, así como de negocios afroamericanos de todo tipo, lo que permitía hallar algo de riqueza en un lugar con un ochenta y cinco por ciento de población negra.

A pesar de su extrema pobreza actual, siempre ha vivido en Dinamarca un número considerable de afroamericanos con buena educación, gracias a que dos universidades históricamente negras están localizadas allí: Denmark Technical College y Voorhees College, de la que mi padre fue presidente. El pueblo tenía eso a su favor, pero cuando levantaron las vías, la política metió la cola. La gente habla de cómo las corporaciones llegan y destruyen los pueblos, pero yo creo que Carolina del Sur fue devastada por el Tratado de Libre Comercio de América del Norte (NAFTA, según su sigla en inglés) de 1994. Las empresas textiles comenzaron a cerrar y a mudarse al extranjero, la gente empezó a marcharse, y con ellos se fueron también los empleos.

• •

En 1990, cuando yo tenía seis años, mi padre mudó a nuestra familia desde Greensboro, en Carolina del Norte, a su pueblo natal, Dinamarca, del que había huido más de veinte años antes. Era el hijo pródigo que regresaba a casa. Si yo hubiera sido algo mayor, esta mudanza a un remoto rincón rural afroamericano me hubiera dado resquemores, pero aquello que habría debido alarmarme era justamente lo que, a los seis años, más me gustaba: todo el mundo conocía nuestro apellido.

En Carolina del Sur, los afroamericanos no preguntan por los apellidos: preguntamos por el parentesco. Por supuesto, esta costumbre varía según de dónde es uno. Por ejemplo, los afroamericanos del Upcountry, en el noroeste del estado, preguntan: «¿Cómo se llama tu gente?». En Dinamarca, en cambio, se pregunta: «¿Quién es tu gente?». Es una forma muy directa de averiguar quiénes son los padres del interrogado, o algún otro familiar que uno puede conocer. Sirve para determinar si estamos emparentados, y quizás algo más. Revela nuestro linaje y antecedentes.

Esta costumbre se remonta a la esclavitud. Los esclavos eran separados de sus seres queridos y privados de todo lo que atesoraban. Desde entonces, buscamos de forma incesante a nuestras almas gemelas, un hogar, razón por la cual nos llamamos mutuamente «primo» o «tío» o «tía» o «mana» aunque no seamos realmente parientes.

Aun siendo un niño reticente a mudarme a un pueblo desconocido, comprendí muy rápido que Dinamarca no era territorio ajeno. Donde fuera que fuese, alguien —niño o adulto— me decía: «Somos tu familia». O: «¡Bakari... el crío de Cleveland Sellers!». O: «Pequeño C.L.». O: «¡Conocí a tu abuelito!».

En Dinamarca estaban mis raíces.

Es mi hogar.

. .

Conducir por el centro desolado de Dinamarca es como mirar a los ojos a la persona amada y ya no encontrar el brillo. La luz se apagó, la chispa ya no está.

Dinamarca es un microcosmos del olvidado sur negro, devastado hasta el hueso por el aislamiento, la falta de desarrollo económico y la baja calidad de la vivienda y la educación. Lo que he visto toda mi vida en Dinamarca contribuyó a mi convicción política de que los pequeños negocios son la sangre vital de toda comunidad. Sea que uno mire a la rica «Wall Street Negra» de Tulsa, o al Renacimiento de Harlem en los años veinte o a la familia Sellers en la Dinamarca de los cincuenta y sesenta, las ideas de pueblo negro y poder negro implicaron siempre la capacidad de sostenerse económicamente y el acceso a las urnas.

Sin embargo, se puede percibir en los empobrecidos pueblos negros de hoy que la industria internacional y la economía globalizada han dejado en el olvido a la mayoría de nosotros. Dinamarca es hoy un lugar donde uno no puede contar con agua potable, un hospital local o una simple conexión de wifi.

La maravillosa vida de un chico de campo

Cuando mi familia llegó a Dinamarca, mi padre ya contaba con un título de posgrado de Harvard. Desgraciadamente, su prontuario criminal le impedía conseguir los empleos que merecía.

En Greensboro, habíamos llevado una vida extraña: a veces comíamos gracias a la asistencia social y a veces teníamos mucama. Mis padres pasaban dificultades económicas, pero querían que sus hijos tuvieran la mejor vida. Por ejemplo, mi padre siempre ha sido un defensor incansable de las universidades históricamente negras. Aunque no podía costearlo, nos llevaba a los famosos y coloridos partidos de fútbol americano de North Carolina A&T State University, conocidos por sus bandas y sus tambores. Mi hermana cuenta que papá nos permitía marchar con la banda. ¿Quién podía sospechar alguna travesura en unos niños tan adorables? Después nos escabullíamos a las tribunas, donde nos había dicho que nos esperaría. Era un plan brillante que nos ahorraba un montón de dinero que mi padre no tenía, y lo pasábamos a lo grande. Nos sentábamos en las mejores butacas, y si alguien las reclamaba, pasábamos a las que estuvieran vacías al lado. Mi familia se las apañaba con lo que tenía, y a mi hermana, mi hermano y a mí nos parecía normal. Cuando nos cortaban la electricidad, pensábamos que era noche de juegos, porque siempre jugábamos al Monopoly a la luz de las velas.

En 1990, mi abuela acababa de morir de cáncer de pecho en Dinamarca y mi abuelo había muerto un año antes de cáncer de páncreas. Así que nos mudamos a su casita estilo rancho en Carolina del Sur, donde habían criado a mi padre. Los cuartos se alineaban uno detrás del otro. Primero, el de mis padres, conectado por una puerta al mío, que se conec-

taba a su vez al de mi hermano mayor. Mis abuelos, muy en-
fermos antes de morir, ya no dormían juntos, por lo que mi
hermano y yo no sólo usábamos sus camas, sino que básicamente dormíamos en sus colchones, en sus lechos de muerte.
Mi hermano pensaba que era particularmente «siniestro»,
dormir en la cama del abue, justo donde había muerto.

Mis padres intentaron ganarse la vida manejando el motel
de la familia que se hallaba junto a la casa. También teníamos algunas propiedades en el barrio y por la zona, de las que
aún somos dueños. Era duro cobrar la renta a gente que no
siempre podía pagar. Nunca los hubiéramos echado a la calle;
recolectábamos cuarenta dólares aquí, cincuenta allá. Para mi
padre era mucho más importante ayudar a la gente a mantener
su dignidad que quedarse con su dinero. Ganamos más dinero
de la renta cuando mi padre se fue a África por unas semanas y
mi madre quedó a cargo de la cobranza. Todo el mundo sabía
que Gwen Sellers no bromeaba a la hora de cobrar.

Mi madre, que era de Memphis, tenía una relación de
amor-odio con Dinamarca. Con el transcurso del tiempo,
después de muchos años, acabó amándola, pero jamás le
gustó. Al principio nos advertía que el pueblo era retrógrado
y que la gente nos iba a mirar mal a causa del pasado de mi
padre. A menudo hablaba de la diferencia entre ser «del
campo» y ser «del sur». Creía que mi padre era «del campo»,
como Dinamarca.

Mi hermana mayor, que estaba a punto de ir a la universidad y no quería tener nada que ver con la Dinamarca rural,
no era del campo. A mí, por el contrario, me encantaba ser

del campo, como papá. Enseguida amé Dinamarca. Dicen que no se puede sacar agua de las piedras, pero yo lo hice. No importaba lo que no tuviéramos. Le saqué todo el jugo que pude a ese viejo pueblo. Adopté el dialecto local, los caminos poceados, los estanques y los campos de algodón donde jugábamos.

Por su parte, mi hermano, Cleveland Lumumba Sellers, ocho años mayor que yo, lloró durante dos semanas después de dejar Greensboro. Quería que yo disfrutara más la transición, así que pasaba montones de tiempo fuera conmigo, jugando al fútbol americano o a taclearnos (cuando tiras la pelota al aire y el que la agarra es tacleado). También íbamos a pescar al Mill Pond. La gente del campo no necesita carretes ni accesorios sofisticados que no puede costear. Usábamos una simple y vieja caña y lombrices o gusanos de la tienda de la esquina.

Un buen día de pesca se mide por el dolor en las piernas: significa que uno estuvo demasiado ocupado como para levantarse del cubo en el que se la pasó sentado. También se sabe que fue bueno si uno se marcha con el cubo lleno de robaleta, un pescado espinoso que viaja en grupo. Es fácil de cocinar: se limpia, se cubre con Lawry's Seasoned Salt, se sumerge en grasa y se come con mostaza y pan blanco. El pan blanco era un alimento básico en toda casa de Dinamarca porque era barato. Puede que se pegue al paladar, pero si una espina se te clava en la garganta, la gente del campo sabe que basta con tragar un trozo de pan blanco para empujar la espina atascada.

En Dinamarca íbamos en bicicleta o a pie a todas partes. No existía lo de «la mamá de tu amigo te viene a buscar» en carro. Nuestros pies nos llevaban adonde fuera que necesitáramos ir.

En un pueblo rural como Dinamarca, el básquetbol lo era todo. Durante los fines de semana, nos colábamos en el gimnasio de la universidad, en el que mi padre había jugado cuando joven, hasta que el entrenador nos descubrió. A partir de entonces, simplemente nos dejaba abierta la puerta. Sólo había otros dos aros de básquetbol en la zona. Uno pertenecía a mis amigos Boo y Chicko, que vivían en una casa al final de la calle, y el otro era de mi familia. Estaba ubicado detrás del motel. Jugábamos tanto, y me ensuciaba tanto, que mi madre me obligaba a desvestirme fuera de la casa.

Pero, aunque llegaría a medir casi dos metros a los quince años, yo no era LeBron James: uno de mis mejores amigos se ocupaba de recordarme constantemente cuán mediocre era como jugador. Su nombre era Jamil Williams, pero le decíamos «Pop». Mi familia amaba a Pop. Mi padre era como su padre sustituto, y para mí era como un hermano. Era de buen corazón, pero siempre se metía en problemas. Era un atleta estupendo: corría carreras y era excelente al fútbol y al básquetbol. Yo, por mi parte, podía recitar todas las estadísticas de mis jugadores y equipos favoritos, pero no era el deportista más agraciado. Me sentaba con Pop en mi cuarto y hablábamos de nuestros jugadores favoritos. Yo intentaba lanzar la bola como mi héroe Larry David, un jugador de Dinamarca, pero Pop siempre la interceptaba. Negaba con la cabeza y, con la voz más negra y rural que se pueda imaginar, proclamaba:

—Bo —la palabra que la gente del campo usa en lugar de «*boy*» (chico)—. Bo, dame la pelota. No puedes jugar a esto, cabezón.

Y yo respondía:

—¿Qué quieres decir?

—Limítate a los libros —me respondía.

—No puedes decirme que no puedo jugar.

—No. Sabes tirar, pero no encestar.

Pop se consideraba mi protector. A menudo decía que la gente pensaba que la familia Sellers tenía más que los demás porque la mayoría no tenía nada. «Así que aprovechaban para tratar de lastimar a Bakari y yo intervenía y decía: "¡Más vale que no! ¡No le pongan ni un dedo encima!" Y no lo hacían», contaba.

Pop fue muy bueno para mí. Me presentó Dinamarca y mi nuevo barrio, y me mostró su propia vida, que era muy diferente de la mía. Él vivía «al otro lado de las vías», una zona mucho más dura del pueblo. Primero hace falta entender que el barrio en que yo vivía no era un primor. De hecho, para los de afuera lucía extremadamente desolado; era la imagen misma de la pobreza, con chozas abandonadas. Pero era tranquilo y todo el mundo se conocía. Había un estudio de arte al otro lado de la calle. El señor Meyers, un empresario afroamericano retirado que aparcaba su silla al frente de la tienda y se quedaba dormido, nos daba caramelos. A veces, sus hijos preparaban *hotdogs* y nos los vendían por unos centavos. Desde su casa, la «Doña Helada» vendía raspados (Kool-Aid helado en un vaso descartable). Aún hoy, si mi papá deja las llaves puestas en su camioneta y alguien se la lleva, otra persona tocará a la puerta más tarde para devolver las llaves.

Pero la parte del pueblo donde vivía Pop era dura, a veces violenta. Y aunque yo no era especialmente popular, me convertí de inmediato en un chico *cool* porque conocía a gente a los dos lados de las vías.

El niño de alma vieja

Mi hermano Lumumba no la tenía tan fácil adaptándose a Dinamarca. Era infeliz, pero también muy práctico, así que en la escuela secundaria se dedicó con todo a los deportes. Iba a verlo al vestuario, que carecía de luces: el equipo tenía que cambiarse en el aula antes de los partidos. No tenían ropa para el precalentamiento, sólo pantalones cortos, y no para todos, así que cada semana había uno que no podía jugar.

Pop y yo viajábamos con él a otras escuelas que tenían gimnasios brillantes y grandes vestuarios bien iluminados. Aunque yo apenas tenía seis o siete años, me preguntaba en voz alta por qué el equipo de mi hermano era tratado de esa manera cuando eran considerados como uno de los mejores del país.

Algunos pueden pensar que suena demasiado precoz, pero permítanme ofrecer algo de contexto. Antes de que nos mudáramos a Dinamarca, mi padre solía llevarme —yo estaba en prekindergarten— a asambleas comunales y conferencias académicas. Así que, gracias a él, a mi hermano y a

Pop, desarrollé cierta conciencia cultural, la habilidad para entender las circunstancias que me rodeaban antes de realmente comprender todo lo que pasaba. El hecho de que Pop viviera a un lado de las vías y nosotros en el otro se volvió de pronto irrelevante: todos la pasábamos duro. Y las disparidades entre la deteriorada escuela de mi hermano y las escuelas secundarias ricas y blancas contra las que jugaba eran claras como el día.

No todo el mundo entendía o apreciaba esta faceta mía. Mi hermana Nosizwe, doce años mayor que yo, pensaba que era el niño más extraño del mundo. «Bakari no es normal», decía. «Es un viejo en el cuerpo de un niño».

Y protestaba a mi padre:

—No me cae muy bien.

—Es tu hermano menor —replicaba—. Tienes que ser buena con él.

Podía parecerle un viejo a mi hermana, pero también era un niño, con mis salidas inmaduras. Mi familia sería la primera en decir que nadie podía prohibirme nada. Para empezar, admito con franqueza que soy un llorón como mi papá. Me emociono y apasiono por lo que me gusta y lo que creo que puedo hacer, y me conmuevo cuando siento que la vida es injusta, o cuando algo terrible le ocurre a gente buena.

Cuando tenía ocho años, Duke University, mi equipo favorito, perdió la final de la División Regional de la Asociación Atlética Universitaria Nacional ante Kentucky, y me puse en ridículo. Mi familia no ha perdido ocasión de recordarme que me tiré al piso y a gritar como si me estuvieran dando una paliza. Cuando mi equipo de básquetbol de la escuela intermedia perdió, me tiré en el centro del gimnasio, frente a todo el mundo, gritando y llorando que habíamos perdido porque el equipo era penoso.

Podía ser igualmente apasionado acerca de lo que era justo, lo que estaba bien y lo que estaba mal. Pop le cuenta a menudo a la gente: «Aun de niño Bakari tenía mucha labia. Podía discutir con cualquiera. Yo le decía que iba a ser abogado o político, y terminó siendo ambas cosas. Bakari podía discutirle a alguien sobre "¿por qué vas a pelearte con fulano? Si no te hizo nada"».

Nosizwe no me veía como un abogado en potencia, sino como un niño híperseguro de sí mismo y elocuente por demás, pero también lleno de ansiedad, una combinación que produce una personalidad extraña, sea en un niño o un adulto. Teníamos debates divertidos sobre cuál de los dos era más inteligente. Creo que quería evitar que me volviera arrogante, pero no sabía cómo hacerlo. Me decía: «Hay una diferencia sutil entre la confianza y la arrogancia. Venimos de los mismos papá y mamá, que nos enseñaron lo mismo. Yo puedo hacer lo mismo que tú, sólo que elegí ser diferente».

Aunque mi bocaza la irritaba sin fin, nos volvimos muy cercanos, y lo somos hasta el día de hoy. Y a pesar de su fastidio inicial, mi hermana fue como una segunda madre para mí. Cuando ella estudiaba Medicina, la mayoría de los fines de semana conducía las noventa millas de Charleston a Dinamarca para venir a buscarme. Salía con ella, hablaba con sus amigas, comía en restaurantes elegantes. La llamaba «mi madre-amiga-hermana». Cuando le llevaba un problema, me preguntaba: «¿Me preguntas como madre, amiga o hermana? Porque no eres mi hijo y puede que vaya directo a decirle a papá lo que estás por contarme».

Aunque entonces pensaba que quería pasar tiempo conmigo, ahora me doy cuenta de que trataba de darme un respiro sacándome de una casa cada vez más tensa.

Hace poco, la oí decir: «Bakari me enseñó cómo mostrar afecto. Era de esos chicos que dicen: "Te quiero. Déjame recostarme en tu regazo". Éramos muy cercanos. En casa, no éramos de abrazarnos. Hasta el día de hoy no abrazo a mi mamá, pero Bakari nos enseñó otra forma de ser. ¿Cómo puedes quedarte indiferente ante un niño que te abraza y te dice "te quiero"?».

. .

Cuando era adolescente, intenté recolectar melones. Se podía ganar 250 dólares recolectando melones y 350 recolectando sandías. Había que esperar a un costado del camino a que te subieran a una camioneta y te llevaran a una granja. Te pasabas todo el día en una fila recolectando melones, o más bien arrojándolos. Buena paga, pero el trabajo era duro. No hace falta decir que muy pronto me cansé de él.

Aunque Dinamarca era negra, había unos pocos negocios blancos. Y en su época, mi padre no podía comer en las cantinas blancas, ni podía probarse ropa en las tiendas blancas. Y, aun así, se crió como un miembro sólido de la clase media de Dinamarca, fue Boy Scout, leyó cómics y fue un acólito en la Iglesia Episcopal St. Philips en el campus de Voorhees College. También cursó los estudios de la escuela intermedia y secundaria en ese campus. Cuando era niño, preguntó a sus padres si podía probar a recolectar algodón. Ellos aceptaron, pero se susurraron uno al otro que no iba a gustarle. Y como yo con los melones, él tampoco duró mucho: apenas dos días.

· ·

En el Cinturón Bíblico, la iglesia es lo más importante, pero no éramos de esa gente que asiste a ella los lunes, miércoles, sábados y domingos. Tampoco éramos de esas «familias de Pascua» que se visten especialmente para ir una vez al año. Íbamos todos los domingos. Mientras mis abuelos aún vivían, yo lo aborrecía, porque significaba que teníamos que asistir a dos iglesias diferentes —la Iglesia Episcopal Metodista Africana Betel y la Iglesia Bautista de Roma—, dado que ellos, curiosamente (y todavía no sé por qué), asistían a las dos. Cuando nos mudamos a Dinamarca de forma permanente, en 1990, nos convertimos en miembros de la St. Philips; también asistían el alcalde, el presidente de Voorhees College y algunos de los maestros locales.

Como mi padre, me convertí en acólito, un equivalente a monaguillo. Desde los seis años, encendía las velas, cargaba la cruz y asistía al pastor en todo lo que hacía. Durante la comunión, servíamos vino de verdad. Cuando nadie prestaba atención, los acólitos terminábamos el vino que había sobrado, al que añadíamos agua bendita.

Aunque no éramos la familia más religiosa del vecindario, mis padres eran muy devotos. Siempre dábamos las gracias antes de cada comida; aún lo hago. Puede que no lo diga en voz alta, pero siempre cierro los ojos e inclino la cabeza, no importa con quién esté.

· ·

El apellido Sellers evocaba valor y honor, pero también cierto dolor en Dinamarca. Me sirvo de una referencia de *Game of Thrones*: éramos los Stark de Winterfell. Pop ligaba a menudo algún golpe por andar con los Sellers. «Te crees mejor porque estás con los Sellers», le decían. Pero Pop no era ningún tonto. Cuando se hallaba en problemas, era rápido en usar el nombre Sellers como talismán.

Mi padre regresó a Dinamarca porque creía que debía terminar lo que sus padres se habían propuesto: elevar a una comunidad sumida en la pobreza. Mi abuelo, Cleveland Sellers Sr., era un respetado hombre de negocios de Dinamarca. Todo el mundo lo conocía o porque habían comido sándwiches de pescado en sus cafés, o porque los había llevado en su taxi. Podían haber sido parroquianos de su *juke joint**, o, si se hallaban de visita en las universidades locales, habían pernoctado en su motel. Veterano de la Segunda Guerra Mundial, tenía veinte propiedades en alquiler y un motel de seis

---

* NdT: «Juke joint» es el término con que se identifica un local que ofrecía música, baile, apuestas y bebidas, frecuentado sobre todo por afroamericanos en el sudeste de los Estados Unidos. También puede ser llamado «barrelhouse».

cuartos, que ahora se halla vacío junto a la vieja casa familiar. Mi hermano recuerda estar jugando en la oficina de abuelo y ver cómo prestaba algo de dinero a distintas personas, más de lo que el banco les hubiera dado, pero sabiendo cómo recuperarlo. Cuando la gente necesitaba resolver algo, un hijo había ido a parar a la cárcel o debían dinero que no podían pagar, llamaban a mi abuelo.

Mi abuela era del noroeste, de Abbeville. Era el fruto de dos padres amorosos: un padre blanco que no podía vivir con su familia y una madre negra. Se graduó de nutricionista en lo que hoy es conocido como Denmark Technical College. Trabajaba con los sintecho y era miembro del consejo de la Asociación Nacional para el Progreso de las Personas de Color (NAACP, por sus siglas en inglés). Cuando mi padre se dio cuenta de que un chico de la escuela comía de la basura, se lo dijo a su madre, quien comenzó a mandarle un sándwich extra cada día para que se lo ofreciera.

Cuando mi padre tenía diez años, oyó sobre el asesinato de un muchacho de catorce llamado Emmett Till. Oriundo de Chicago, visitaba a su abuelo en Money, Misisipi, en 1955, cuando lo asesinaron por presuntamente silbar a una joven blanca. Mamie Till, la madre de Emmett, insistió en realizar el funeral con el ataúd abierto, lo que llevó a que el rostro mutilado de su hijo fuera publicado por la revista *Jet* y otros medios. Pilar de todo hogar negro, las ediciones de *Jet* cubrían las mesas de las salas o se apilaban prolijamente en los estantes de los baños. Incluía artículos sobre celebridades, crímenes y algo de chismes. *Jet* penetró en la conciencia colectiva de la población negra y descubrió exactamente qué queríamos leer. También incluía fotos de bellezas negras en trajes de baño, que muchachos como yo corríamos a ver cada semana.

Cuando *Jet* publicó la foto de Emmet Till en su ataúd abierto, los niños negros de todas partes llevaron la revista a la escuela. Los maestros afroamericanos de mi padre no trepidaron en contarles la verdad, aunque los libros de texto que usaba describían a la población negra como holgazana e incluso establecían reglas sobre cómo había que tratarla. La muerte de Till, explicaron los maestros, implicaba que la juventud negra tenía un trabajo por delante: terminar con las injusticias que sufría nuestra gente.

La muerte de Till se apoderó de mi padre de tal modo que a los dieciséis años organizó una sentada en un restaurante blanco de Dinamarca. En todos los Estados Unidos, niñas y niños negros con nombres como Stokely, Jesse, Kathleen, Angela y Cleveland leían *Jet* y se reunirían años más tarde en las manifestaciones masivas de los años sesenta. La incapacidad de mi padre de olvidar el rostro de un muchacho negro asesinado es lo que me motiva incluso hoy y lo que en su momento metió a mi padre en tantos problemas.

Verán, es que en Dinamarca la gente también conocía mi apellido por otra razón.

Y aquí es donde empieza mi historia.

I

Las heridas no han sanado

«No seas un héroe muerto»

El 8 de febrero de 1968 es uno de los días más importantes de mi vida, aunque ocurrió dieciséis años antes de que yo naciera. Ese día, unos doscientos estudiantes negros del South Carolina State College intentaron desegregar una bolera exclusivamente para blancos en Orangeburg. Tras varios días de protestas, unos policías de tránsito se alinearon a lo largo del terraplén y dispararon contra un grupo de estudiantes desarmados. Mataron a tres jóvenes negros de dieciocho años o menos, Samuel Hammond Jr., Delano Middleton y Henry Smith, e hirieron a otros veintiocho.

La tragedia transcurrió en ocho a diez segundos, el tiempo que toma beber dos tragos de café o atarse los zapatos. Es el lapso en que el jinete debe permanecer montado sobre el toro para no ser descalificado. Los sociólogos dicen que tardamos ocho segundos en causar una impresión en otra persona. Tomó ese tiempo destruir tantas vidas.

En esos pocos segundos, el cielo se encendió por los disparos, los estudiantes huyeron para salvarse mientras les disparaban en la espalda, la cabeza y las suelas de los pies con la misma munición de escopeta que los cazadores utilizan para matar grandes presas, como los ciervos. Un joven recibió un tiro en la cara que le voló dieciséis dientes; las balas atravesaron el corazón de otro; y un tercero, un estudiante de secundaria que esperaba a su madre, mucama en la universidad, recibió seis disparos.

El tiroteo se detuvo tan pronto como había comenzado, pero para algunos nunca terminó.

Uno de los heridos esa noche fue Cleveland Sellers, mi padre. Joven pero ya casado, activista por los derechos civiles, fue arrestado, arrojado a una celda y convertido en la única persona que pagó con prisión por instigar una revuelta que jamás ocurrió.

Mis padres nunca han dejado de hablarme sobre la Masacre de Orangeburg. Estoy seguro de que me susurraban sobre ella cuando aún estaba en el vientre de mi madre.

También escuché la historia de boca de los heridos esa noche. Y también por parte de los parientes de los muertos, y, por supuesto, del «agitador» en persona. Y con cada narración, descubro algo nuevo.

Soy hijo del movimiento por los derechos civiles. Hay una fotografía en que estoy en brazos del «tío» Jesse Jackson, quien me sostiene mientras doy de comer a un caballo. Fui el niño de su segunda campaña para presidente, en 1988. Fue uno de mis muchos «tíos» y «tías», todos ellos leyendas vivientes por derecho propio. Crecí atendiendo el teléfono y anunciando: «Papá, te llama el tío Julian [Bond]» o «Te busca el tío Stokely [Carmichael]» o «Es la tía Kathleen [Cleaver]».

Y si bien esos tíos y tías han inspirado mi éxito, también me conectaron con el pasado, proveyéndome un manual muy útil para los años siguientes.

Mi hermana tenía razón. Yo era un niño extraño, un alma vieja. Mi padre tenía sus objetivos para conmigo y yo estaba abierto a ello. Nunca dejó de mostrarme las realidades de la vida. Quizás mi sentido de propósito se estaba desarrollando más pronto o más rápido que en la mayoría de los niños. Como resultado, mi descubrimiento precoz de las injusticias de la era de los derechos civiles me dejó pesar y lágrimas, pero también esperanza y una misión. El camino de mi padre y el mío se cruzan sobre el mismo suelo ensangrentado. Mi objetivo, al igual que el suyo, era ayudar a sanar la división del país.

Mi padre, que siempre explicaba lo ocurrido aquella noche con gran calma y deliberación, se aseguraba de mencionar cada uno de los nombres de los involucrados en la Masacre de Orangeburg porque no quería que creciéramos pensando que los únicos héroes de los derechos civiles eran Rosa Parks y Martin Luther King Jr. Quería que supiéramos que los héroes todavía andaban entre nosotros.

Acompaña con vívidas imágenes la historia que suele contar mientras caminamos hasta South Carolina State, donde ocurrió. Indica dónde estaba ubicado el cesto de basura que, tras recibir un disparo en el brazo izquierdo, le dio unos segundos para escapar de la policía y ayudar a otro estudiante herido. O indica el sitio en la pequeña cuesta sobre la que se pararon los estudiantes cuando la policía les disparó.

Mi padre tenía sólo veintitrés años en 1968, un año mayor que yo cuando me convertí en miembro de la Cámara de Representantes de Carolina del Sur. Para entonces, él era un líder bien conocido del Comité Coordinador Estudiantil No Violento (SNCC, por sus siglas en inglés). Varios años antes, había abandonado Howard University para trabajar con el SNCC en Misisipi, donde se dedicó a buscar a tres activistas desaparecidos.

Mi abuelo se oponía al activismo de mi padre, porque veía la tensión creciente por la televisión y mi padre lo mantenía al tanto por carta. En una de ellas, mi abuelo rogó a papá que regresara a casa. «El motel te está esperando. Vuelve a casa, por favor, ya has estado lejos tiempo suficiente. Es hora de que vuelvas a estudiar. No puedo dormir», le escribió. «Estoy siempre pensando en ti… Si quieres venir en avión, llámame; me encargaré de todo. Por favor, quiero verte para el Día de Acción de Gracias. Estamos planeando ver a Gwen [su hermana]. Por favor, no seas un héroe muerto».

· ·

Mi padre había prometido a su madre que volvería a la universidad y se graduaría. Orangeburg era el sitio perfecto para cumplir esa promesa porque albergaba dos universidades históricamente negras y se hallaba a sólo veinticinco millas al noreste de Dinamarca. El pueblo tenía catorce mil habitantes y algo más: un historial de protestas. La Masacre de Orangeburg formaba parte de esa narración mayor. Las manifestaciones estudiantiles no eran algo nuevo allí.

Un amigo de mi padre, Martin Luther King Jr., había pronunciado discursos en Orangeburg, y presidido la modesta boda entre mi padre y su primera esposa en el famoso sótano de la Iglesia Bautista Ebenezer en Atlanta. Los recién casados alquilaron una casa en Orangeburg y mi padre se dedicó a tratar de enseñar historia afroamericana y empoderamiento a sus vecinos negros.

Ese invierno, los estudiantes de la South Carolina State tenían otros planes: habían resuelto desegregar la bolera All-Star de Orangeburg. Sin embargo, mi padre creía que la era de las sentadas, las marchas y las demostraciones había pasado. Su objetivo en Orangeburg era despertar interés en el movimiento del poder negro, la identidad negra y la historia africana. Aunque no era estudiante en la State, encontró una audiencia dispuesta en el campus. Los miembros de la sección estudiantil del Black American Coordinating Committee (Comité Coordinador Afroamericano) sabían que era un activista veterano que había trabajado estrechamente con Stokely Carmichael, su excompañero de cuarto en la Universidad Howard, y con el Dr. King.

—No nos interesaba lo de la bolera hasta que golpearon a los estudiantes —me explica papá—. Después de tres noches [consecutivas] de tiroteos, comprendí que había una escalada de tensión. Trabajamos con la administración de la universidad y los profesores para tratar de encontrar estrategias para ayudar a los estudiantes a salir de la encerrona en la que estaban.

La violencia comenzó un martes, en el segundo día de las protestas, cuando arrestaron a un estudiante por insultar a un patrullero. Furiosas por esa detención, unas trescientas personas, en su mayoría estudiantes de la South Carolina State, regresaron al estacionamiento de la bolera. La atmósfera era tensa, pero no violenta, hasta que apareció un camión de bomberos, lo que enfureció a los manifestantes, que recordaron que un millar de otros manifestantes había sido rociado con mangueras varios años antes en Orangeburg.

Cuando alguien rompió la puerta de vidrio del local, «unos cincuenta policías se precipitaron al interior esgrimiendo sus bastones y apaleando a decenas de estudiantes que terminaron con laceraciones en la cabeza y contusiones en la espalda», recuerda mi padre. «En algunos casos, unos policías aferraban a las chicas de los brazos mientras otros les daban bastonazos en la espalda».

¿Por qué todo esto es tan importante para mí y por qué debería ser importante para todos nosotros? Tenemos que reconocer la inequidad del autoritarismo y el legado de violencia que persiste aún hoy. Cuando la policía dispara a afroamericanos desarmados, la gente se pregunta si acaso se debe, o no, al racismo. ¿Realmente necesitamos que investigadores como los de Boston University nos digan, como lo hicieron en el *Journal of the National Medical Association* en 2018, que esos casos están definitivamente relacionados con un racismo estructural? Los investigadores observaron que el público asume equivocadamente que hay algunos policías que, a título individual, quieren atacar a hombres o mujeres negros. El problema, sin embargo, radica «en la sociedad entera» y en cómo ha tratado a la población negra durante siglos.

En los años sesenta, mi padre sabía lo que podía ocurrir a alguien como él. «Los accidentes ocurren», decía siempre. Para hacerse una idea de su compromiso con la militancia, lo único que hace falta es recorrer la casa de mi infancia. Metida casualmente bajo unos libros de la biblioteca de mi padre hay una foto en que se lo ve parado junto a Martin Luther King Jr. y otra en que, a los dieciocho años, se encuentra sentado en la Oficina Oval con el presidente Lyndon Baines Johnson. Hay otra foto de mi padre con Muhammad Ali, Stokely Carmichael y Elijah Muhammad, y varias fotos con el Dr. King, o sentado cerca del tío Stokely o del tío Julian.

En todas ellas se encuentra ligeramente a la sombra de esos otros hombres de mayor resonancia, porque mi padre sabía que, cuanto más ruidosos, más se convertían en blanco. Aun así, su trabajo y su imagen llamaron enormemente la atención, especialmente del FBI y del gobernador de Carolina del Sur, que estaban decididos a culparlo de todo lo ocurrido en Orangeburg. Días antes del tiroteo, mi padre reconoció las señales no muy sutiles de que había sido elegido chivo expiatorio de la revuelta.

Por ejemplo, su casita de alquiler frente a la South Carolina State se hacía notar porque había un tanque estacionado en medio de la calle apuntándole. «Apuntaba directamente a la casa. Supe que no podía quedarme», cuenta mi padre. «Habría sido la excusa para librarse del activista negro. Habrían asegurado que hubo un tiroteo y que tuvieron que usar el tanque y que lamentaban lo ocurrido. Y que yo no debería haber estado allí».

También detectó que los hombres del poder, en particular el gobernador Robert McNair y el FBI, estaban hilvanando un relato. Empezaron a decir públicamente que «los apologistas del poder negro» eran los que provocaban la furia de los estudiantes, no sólo los policías y los políticos blancos. «No había muchos que se atrevieran a decir que la policía había hecho algo malo», dice mi padre. «Más bien era algo como: "La policía es nuestra amiga". Hasta había afroamericanos que comenzaban a repetirlo y a adoptar cierto tono contra el poder negro. Decían: "No queremos nada de esto" y "Queremos que nuestros muchachos estudien" y "No queremos a ninguno protestando ahí afuera"».

Es la naturaleza humana: son pocos los que se alzan para reclamar justicia. Aún hoy, mucha gente bien intencionada de todo género, raza o edad ignora cómo pelear por lo suyo. Martin Luther King Jr. dijo alguna vez: «Al final, no recordaremos las palabras de nuestros enemigos, sino el silencio de nuestros amigos».

Cuando el gobernador McNair comenzó a declarar públicamente que «agitadores negros foráneos» estaban alterando a los estudiantes, mi padre supo que las cosas se iban a poner feas para él. «Yo era el único activista negro en el campus en esa época y tenía suficiente experiencia para saber cuándo le están montando una trampa a alguien o algo» dice, y me recuerda que ya había estado en Selma, Alabama; que había asistido a la Marcha Sobre Washington en 1963 y que había pasado un año en Misisipi, de 1964 a 1965, cuando los activistas Andrew Goodman, James Cheney y Michael Schwerner fueron asesinados: su trabajo había consistido en salir a buscarlos en medio de la noche.

Sabía por experiencia que tenía que decidir en quién confiar. En Misisipi, los granjeros, mayoritariamente negros, habían sido los ojos y oídos de los defensores de los derechos civiles. «Los granjeros salían durante el día con el pretexto de cazar, pero volvían para contarnos dónde encontrar un viejo granero y dónde estaban los pozos o los barrancos donde se podía ocultar rehenes o depositar cadáveres», me cuenta papá. «Pasamos momentos duros. Había momentos en que tendría que haber tenido más miedo que nunca, pero lo único que pensaba era: ¿Cómo acabamos con esta situación? ¿Cómo salimos salvando la mayor cantidad de vidas posible?».

A medida que el gobernador y la policía continuaban con su retórica contra los «apologistas del poder negro» en Orangeburg, mi padre supo que la trampa estaba tendida. «Estaba casi seguro de que no iba a poder salir de ésa» dice, «pero iba a hacer todo lo posible para evitar que nos mataran, a mí y a los estudiantes».

Después de tres noches enteras de reuniones en Orangeburg, necesitaba dormir. Cuando un estudiante le ofreció su cuarto en la universidad, aceptó enseguida. Poco después de caer dormido, escuchó un golpe en la puerta. Un estudiante le dijo que había escuchado disparos; pensó que mi padre debería saberlo. Como el activista veterano que era, mi padre se preocupó, porque sabía que las manifestaciones jamás debían tener lugar de noche.

En este punto de su relato, mi padre señala la loma donde alguna vez se concentró el grupo de estudiantes. «Estaba oscuro, pero no había disparos, nada. A medida que me acercaba, pude ver que había hombres con cascos blancos colina abajo y que tenían armas, rifles y pistolas. Miré al otro lado de la calle, y ahí, en Lowman Hall, vi al grupo de estudiantes».

Estaban parados en círculo, tratando de decidir qué hacer a continuación; setenta agentes de la ley fuertemente armados los vigilaban. Los manifestantes estaban enojados por lo que había ocurrido con las estudiantes el día anterior.

Y entonces papá vio a Henry Smith, uno de los hombres que morirían esa noche. «Quería decirle que la policía estaba justo al pie de la loma y que estaban armados. Estaba oscuro y apenas se podía ver. Quería decirle que teníamos que trasladar al grupo al interior del campus. Pero nunca lo hice. No llegué. Puede que haya llegado a decir "Henry", pero en ese mismo momento la oscuridad se convirtió en luz y la policía empezó a disparar».

· ·

La Masacre de Orangeburg fue la primera balacera letal ocurrida en un campus universitario que involucró a policías.

Tuvo lugar dos años antes de la otra, bien conocida, en Kent State University, en la que mataron a cuatro estudiantes blancos, y dos meses antes del asesinato de Martin Luther King Jr. Pero esa primera tragedia apenas penetró en la conciencia nacional. Lo que empezó como una balacera por motivos raciales se convirtió pronto en un encubrimiento múltiple de parte de altos funcionarios de Carolina del Sur. Al principio, el encubrimiento funcionó, pero luego ya no.

En la noche en cuestión, la policía relató la masacre a los reporteros como si hubiera sido un tiroteo entre estudiantes negros y agentes de tránsito. Se adujo que los policías se defendieron, aunque jamás habría evidencia alguna de que un solo estudiante tuviera un arma esa noche. Para convalidar su historia, buscaron colgarle el sambenito a un hombre: mi padre.

Todavía sigue creyendo que los policías venían a buscarlo esa noche en la loma. Nos enteramos después, durante los juicios, que sabían que él estaba entre la multitud. Después de la masacre, alguna gente comenzó a decir que habían confundido a Henry Smith con mi padre. Y no sólo por sus afros: mi padre y Henry Smith eran tan parecidos que, cinco décadas más tarde, el primero luce como una versión más vieja del segundo.

«Creo que los policías pudieron verme cruzar la calle a la luz del farol, porque yo tenía un gran afro, y se distinguía mi silueta al pie de la cuesta en la que estaban. Creo que sabían que era el momento de hacer saltar la trampa».

Después de la balacera, los heridos huyeron hacia la en-

fermería de la universidad o cargaron a otros hasta allí. Era
puro caos: la sala estaba repleta de estudiantes heridos, ate-
morizados y sangrando en el piso. Había una sola enfermera
y ninguna ambulancia, aunque el campus estaba lleno de
todo tipo de agentes de la ley que enseguida se enteraron
de lo que había ocurrido. Maestros, entrenadores y otros estudiantes transportaron a los heridos y agonizantes desde la
enfermería hasta la unidad exclusivamente negra del hospital,
pero mi padre se rehusó a ir con ellos, porque creía que si la
policía lo encontraba allí lo mataría. Pero la enfermera le dijo
que si no se hacía atender la herida en el brazo moriría igual.

En el hospital, mi padre reconoció a un guardia de seguridad negro que había visto antes en el campus. Se cruzaron
miradas. Minutos más tarde, el *sheriff* llegó a toda marcha a
preguntarle si era Cleveland Sellers. Fue arrestado en el hospital mientras esperaba que revisaran sus heridas.

Hay una famosa fotografía en blanco y negro de mi padre
tomada más o menos en este momento de su historia, poco
después de haber ingresado en el hospital. Es alto, delgado y
apuesto. Su afro, sus *jeans* ajustados y sus Converse le dan un
aire moderno y a la moda. Se parece más a una versión más
alta del actor y rapero, Childish Gambino, que a un Martin
Luther King Jr.

Sonríe, en contradicción con el horror en que se encuentra. Por su estatura y esa imagen de calmada elegancia, parece
que estuviera superpuesto sobre una fotografía antigua, totalmente desconectado de los policías blancos de ojos salvajes
que lo rodean. La verdad es que se hallaba en algún punto

intermedio entre la «calma» y el «horror». La fotografía es real, aunque él estuviera fingiendo para sí mismo, tan sólo por un momento, que nada de ello le estaba pasando realmente.

«Yo sé lo que ocurre cuando te agarran como los ayudantes del *sheriff* agarraron a Goodman, a Schwerner y a Cheney, que luego terminaron muertos», dice. «Así que grité a los muchos estudiantes que estaban en el hospital: "Estoy con el *sheriff*. Si algo me ocurre, quiero que todos recuerden que estoy con el *sheriff*". Y lo dije de nuevo: "Estoy con el *sheriff*"».

Pero en lugar de llevarse a mi padre a un largo y letal paseo en carro, los policías lo trasladaron a un tribunal, donde fue acusado de incendio, de incitar una revuelta, de agresión con intento de homicidio, de daño a la propiedad, de violación de domicilio y hurto mayor. Los cargos —en realidad, toda la situación— eran tan absurdos, explica mi padre, que lo único que pudo hacer fue reírse mientras lo sacaban de la sala de audiencias delante de una bandada de reporteros y fotógrafos. Fue entonces que tomaron la fotografía. «Las mentiras. Era como una fantasía», dice ahora. «Yo sonreía porque ¿qué otra cosa podía hacer? No me iba a poner a llorar».

Cuando la antorcha ha pasado de manos

En 2014, Julian Bond, uno de mis legendarios «tíos», pidió entrevistarme para su colección de vídeos «Explorations in Black Leadership» (Exploraciones acerca de los líderes negros). Me pidió que reflexionara sobre el legado de la Masacre de Orangeburg. Para entonces, yo era un joven representante de Carolina del Sur y traté de dar mi mejor respuesta de la forma más directa posible.

Por entonces, el tío Julian era profesor de Historia en la University of Virginia. Había entrevistado a mucha gente importante, desde Charles Rangel, el político de Nueva York, a Clarence Thomas, juez de la Corte Suprema. La entrevista sería la última vez que conversaría con el tío Julian, quien murió en 2015 de un aneurisma. Su muerte afectó a mi padre. Habían sido contemporáneos y verdaderos amigos durante cincuenta años.

En la entrevista, Julian y yo conversamos sobre lo difícil que resulta aceptar que uno de los más crueles episodios de la era de los derechos civiles es uno de los menos conocidos.

«Todo el mundo sabe sobre Kent State» dije, «y creo que, si se hubiera aprendido la lección de Orangeburg, podríamos haber salvado una cantidad de vidas en Kent State».

Julian quería saber cómo me sentía respecto de los estudiantes de la South Carolina State que, en desacuerdo con mi padre, querían acabar a como diera lugar con cualquier atisbo de segregación, incluso en una bolera. «Creo que la iniciativa, o el coraje, o la audacia que tuvieron para creer que podían romper la última barrera de la segregación en Carolina del Sur muestra la fuerza de esa generación, esa joven generación», dije.

Estoy convencido de que los manifestantes de Orangeburg no protestaron en vano. El obituario del gobernador McNair en el *New York Times* en 2007 dice que su insistencia en que la influencia del «poder negro» había alimentado las protestas dañó severamente su reputación en la comunidad negra y arruinó sus chances de sumarse al intento del vicepresidente Hubert Humphrey de conseguir la candidatura presidencial en 1968.

Hablé con Julian sobre cómo las muertes de esos tres jóvenes en la Masacre de Orangeburg se convirtieron en un peso que llevo sobre los hombros: un peso que he cargado como legislador. Intento actuar, expliqué, del modo que creo útil para continuar su misión, aunque los objetivos puedan haber cambiado.

Aunque la generación de mi padre, la generación de Emmett Till, nos habla y vive entre nosotros, creo que tenemos que tomar el relevo. Hay tantos paralelismos. Así como mi padre vivió por Emmet Till, mi encomienda es vivir por las personas de mi generación que han muerto a manos de la ley: Michael Brown, Terence Crutcher, Sandra Bland y tantos más. Los considero mártires. Sus presuntos crímenes no merecían la pena de muerte, pero aun así murieron. Como Emmet Till, no recibieron el beneficio de su humanidad: fueron tratados como seres inferiores.

Lo entendí claramente cuando vi y oí lo que ocurrió con Michael Brown en Ferguson, Misuri, en 2014. Tras su muerte, hemos aprendido que las palabras «manos arriba, no dispare» no protegen a nadie. No importa si realmente hubo una pelea previa. Brown estaba desarmado y no tenían por qué matarlo. La imagen de su cuerpo tirado bajo una sábana durante horas y horas bajo el sol inclemente mientras se oían, a la distancia, los gritos doloridos de su madre, me hizo ver que en Ferguson no les importaba Michael Brown, no les importaba que fuera un ser humano, y ciertamente no les importaba que fuera un hombre negro.

Nacido para hacer esto

Recuerdo claramente el día en que la historia de mi padre quedó grabada a fuego en mi mente. Estaba en tercer grado y me habían mandado a la oficina del director. Mi padre venía a buscarme para asistir a la ceremonia del vigésimocuarto aniversario de la Masacre de Orangeburg. Hay una foto de él abrazándome durante la ceremonia. El presidente de la South Carolina State está parado al lado de nosotros. Yo llevo puesto mi uniforme escolar y una chaqueta azul; mi padre viste un abrigo largo. Recuerdo el apretón de sus manos. Fue en ese momento en que comprendí que se trataba de algo mucho más grande que yo.

Regresé cada año para asistir a las ceremonias conmemorativas y escuchar los recuerdos de los estudiantes heridos de la South Carolina State. De niño, siempre estaba listo para ir adonde fuera que mi padre fuese. «A Bakari le gustaba andar conmigo», recuerda a menudo. «Cuando yo estaba por salir, él iba a buscar su abrigo».

Mi madre dice que más allá de lucir exactamente iguales, mi padre y yo tenemos el mismo temperamento. «Son sensibles, pero no débiles. Son de llorar fácil hasta hoy». Ella respeta cuán profundamente siento la Masacre de Orangeburg, pero se pregunta si no me ha costado demasiado.

Creo que es una buena observación. Como he dicho muchas veces, estoy más enojado por lo que ocurrió en esa época que mi propio padre.

¿Por qué eligió enseñarme todo esto? Creo que vio algo en mí. Podía ser un niño muy serio, y advirtió que respondía a lo que me mostraba. ¿Estaba, en el fondo, preparándome para pasarme la antorcha? Creo que él estaría de acuerdo en que sí.

Durante las muchas ceremonias de conmemoración a las que asistimos juntos, hablé con los familiares de los muertos y heridos en 1968. Escuché sus historias y aprendí a reconocer cuando ponían al descubierto sus cicatrices emocionales. Incluso hoy, mi padre dice: «Cuando Bakari era un niño, hacía mil preguntas a todo el mundo».

Comprendo ahora que mi padre estaba haciendo algo más que permitirme contemplar la historia de cerca. Estaba ayudándome a aprender la importancia de la empatía como bálsamo contra el sufrimiento.

Aprendí que Delano Middleton, el más joven de los tres asesinados ese día, era un estudiante de secundaria cuya madre trabajaba como mucama en la universidad. Cuando estaba en el hospital, Delano le pidió que le leyera el Salmo 23. Después de oírlo y repetirlo él mismo, murió. También oí sobre gente que todavía vive con las balas en el cuerpo, y sobre los que conviven con las pesadillas.

Algunos podrán opinar que oí cosas demasiado horrendas para un niño, pero mi padre creía que era importante, así como creía que era importante que lo acompañara en sus visitas a convictos y en sus conversaciones con miembros de pandillas.

En retrospectiva, quizás hacía «mil preguntas» a los sobrevivientes de la masacre porque necesitaba entender sus cicatrices para entender mejor las nuestras. Las injusticias que ocurrieron esa noche dejaron a madres sin sus hijos. Dejaron las páginas de historia de mi amado estado manchadas de sangre y dejaron nacer a mi hermana mientras su padre estaba en prisión. Su segundo nombre es Abidemi, que significa «nacida mientras el padre está ausente». Creo que uno de los mayores remordimientos de mi padre es que ella lo conoció por primera vez en una sala del Columbia Correctional Institute.

Desde su arresto hasta su indulto en 1990, mi padre fue como una especie de leproso y nosotros refugiados. Sus padres se preocupaban por él y le advertían contra la posibilidad de regresar a Carolina del Sur, razón por la que tanto yo como mis hermanos nacimos en Carolina del Norte en lugar de en Dinamarca, donde él había nacido y donde luego me criaría. Antes del indulto, mi padre tuvo que batallar para conseguir trabajos y soportar visitas del FBI en los empleos que finalmente conseguía.

Pese al indulto y al hecho de que hay libros que limpian la reputación de mi padre, alguna gente en Carolina del Sur todavía lo culpa de la sangre y la tragedia.

Y hay algo más que nos atormenta: el espeluznante parecido entre Henry Smith, que murió el 8 de febrero, y mi padre, y la ampliamente aceptada teoría de que la policía pudo haber asesinado al hombre equivocado. De ningún modo somos los únicos que la tuvimos dura después de la tragedia.

En realidad, le costó muchos años a mi padre convencer a algunos de los estudiantes heridos de que contaran sus historias. Algunos sufren todavía de estrés emocional. Jamás regresarán a Orangeburg o al campus. No pueden siquiera mirar en dirección al campus mientras conducen por la I-26.

Las heridas de mi padre jamás han sanado, no por completo: la acusación que persiste, el recuerdo del derramamiento de sangre, el hecho de que todavía tan poca gente sabe de la masacre. Y jamás ha existido reconciliación alguna con las familias de las víctimas. Cuando todavía era miembro de la Cámara de Representantes de Carolina del Sur, pedí sin éxito en 2009 la formación de un comité de notables que iniciara una investigación formal. El hecho de que el gobierno todavía rehúse investigar enfurece a muchos afroamericanos, especialmente a mi padre, pero para otros es un alivio.

Hay gente en Carolina del Sur que cree que simplemente los estudiantes estaban en desventaja. Esa presunción sugiere que hubo una batalla, pero no hay batalla alguna en una matanza. Los estudiantes estaban desarmados y les dispararon por la espalda. En Carolina del Sur se habla de una «matanza» de cerdos o pollos, pero jamás se dice que se libró una batalla contra ellos. Muchos periodistas de investigación calificaron a la tragedia de «masacre», pero en Orangeburg, especialmente entre los blancos, cómo llamar a estos hechos siempre ha sido polémico.

Un año después de la tragedia, nueve policías fueron llevados a juicio, pero le tomó al jurado apenas dos horas librarlos de toda culpa. Dos años y medio después, mi padre fue condenado por una revuelta que jamás formó parte de la investigación original. En 1973, pasó siete meses en prisión. Sin embargo, durante los juicios, salió a la luz información importante. El día de la masacre, cuatrocientos cincuenta miembros de la Guardia Nacional y ciento veintisiete policías se hallaban en el pueblo, muchos de ellos en el campus. Lo que mi padre sospechaba resultó cierto: había agentes federales y policías que lo conocían, que sabían de su afiliación a el SNCC y de su amistad y trabajo con Stokely Carmichael. También querían creer que mi padre era la causa de todo lo ocurrido en Orangeburg, pero jamás pudieron mostrar evidencia alguna de ello.

Hoy en día, algunas personas blancas en, y alrededor de, Orangeburg admiten que ocurrió algo horrible, pero hace mucho. Aseguran que seguir hablando del asunto todo el tiempo es patear el avispero. A menudo remarcan que los estudiantes no eran ángeles. Debido a la desinformación de origen, alguna gente aún cree que un estudiante negro disparó primero a la policía esa noche, aunque jamás ha existido evidencia alguna de ello.

· ·

Una semana después de la ceremonia especial de 2018 para conmemorar el cincuenta aniversario de la Masacre de Orangeburg, Bill Hine, un profesor de Historia blanco de la South Carolina State y amigo de la familia, me pidió que diera el discurso principal. Habían invitado a la primera dama Michelle

Obama, y al presidente Barack Obama, así como al senador Cory Booker y al exgobernador de Massachusetts, Deval Patrick, pero ninguno de ellos podía asistir. Propuse a cambio todos los nombres que se me ocurrieron porque sabía que sería demasiado para mí. Pero al final acepté y decidí hablar de las heridas que jamás han sanado, incluyendo las mías.

Me paseé de un lado al otro antes de dar el discurso. Si lograba superar la primera parte, podría llegar al final antes de quebrarme.

Caminé hasta el micrófono y empecé a hablar. «He visto las cicatrices y escuchado la historia una y otra vez», dije a la multitud. Y por más que intenté detenerlas, me corrieron las lágrimas. La pena que sentía era física, como si alguien me hubiera arrancado el corazón. No pude contenerme. «Mierda» dije, antes de tomar una bocanada de aire. «Es doloroso, físicamente, pensar que esa noche tan llena de potencial y de posibilidades estalló en violencia y tragedia y pérdida, y yo ni siquiera estuve allí. Todavía me duele como ninguna otra cosa que conozca. Me duele en el pecho, detrás de los ojos, en todo mi cuerpo. Es un dolor vivo que proviene de un recuerdo cultural y de la comprensión de que resido en un estado en que algo así pudo ocurrir. Y nos dicen que lo olvidemos. "No vengas con esa historia otra vez. No queremos oírla. No vuelvas allí... No digas sus nombres". Pero tenemos que hacerlo, no porque queremos recordar... sino porque no podemos olvidar».

Dije que me enorgullecía saber que, si la misma tragedia

ocurriera hoy, no sólo esos policías tendrían que responder por sus acciones, sino que tendrían que hacerlo ante alguien como yo.

Ha quedado en mí como el día más importante de mi vida. El camino de mi padre y el mío están entretejidos sobre el mismo suelo ensangrentado.

Papá dejó su marca en la historia esa noche de 1968 y siguió por el mismo camino con otros líderes, de Martin Luther King Jr. a John Lewis a los tíos Stokely y Jesse. Él y mi madre, Gwen, criaron a sus tres hijos para alzarse y hablar en nombre de la justicia social. Como abogado, político y activista por los derechos civiles, veo mi vida como una extensión de la travesía de mi padre. En esta nueva era en la que jóvenes activistas politizados tienen un impacto directo sobre las leyes y políticas del país, yo soy un puente entre su legado y el logro de nuestro objetivo común: la igualdad racial.

Y, sin embargo, cincuenta años después de que Cleveland Sellers, mi padre —profesor, presidente universitario, activista por los derechos civiles— estuviera en el frente de la lucha, me encuentro en un país que se parece demasiado al suyo. En mi época, en nuestra época, algunas de las expresiones más racistas llegan desde lo más alto, donde el propio presidente alimenta lo peor de nosotros para anotarse puntos con un muy particular sector político de la población.

II

Negro y olvidado

Cuando digo que Dinamarca es parte del sur olvidado, quiero decir que se ignoran las dignidades sencillas que todos esperamos como seres humanos, tales como agua potable, un hospital comunitario y más de un supermercado. Es un pueblo donde no es inusual ver a alguien conduciendo su cortadora de césped, la que usan para cuidar los jardines de los vecinos blancos, hacia el Piggly Wiggly, el único supermercado grande del pueblo. Tampoco es inusual ver a adultos, incluso a ancianos, andando en bicicleta —a menudo bicicletas para niños— y no para ejercitarse. No pueden costear un carro: los impuestos, la gasolina, el seguro y el mantenimiento son demasiado.

Andar en bicicleta puede ser difícil si uno está aislado en el área rural de Carolina del Sur. Si no te pilla el calor tropical en el verano, lo harán nuestros jejenes «invisibles». Imagínense andando en una vieja bicicleta, una o dos bolsas de compras en una mano y espantando bichos invisibles con la otra, mientras intentan mantener el equilibrio en la bicicleta que se bambolea, a veces sobre caminos de tierra.

Mi madre dice que la pobreza de Dinamarca es similar a la que uno puede hallar en un país en desarrollo. Andar en bicicleta, cree, es una forma de aguante, de «arreglárselas».

. .

Es fácil no ver, o ignorar completamente, lo que soporta gente que se considera «remota», escondida del resto del mundo. Sin embargo, yo nos veo menos como «remotos» y más como «de camino de tierra». Si uno es de una zona rural de Carolina del Sur, seguro ha recorrido un camino de tierra para llegar a casa y conoce la dificultad de limpiar una camioneta después de haber conducido por el fango. Y, si está lloviendo, sabe cómo maniobrar por los baches.

Los caminos de tierra nos definen desde muy temprano: eso es lo que nos permite entender muy pronto que la vida puede ser resbaladiza. Aprendemos a navegar las rutas imprevisibles, ésas que van de suaves a enfangadas y traicioneras en apenas minutos. Esas rutas polvorientas nos han estado llevando y conectando de un lugar a otro durante generaciones. Después de la Gran Migración, cuando de cinco a seis millones de la población negra dejaron el sur y se marcharon al norte y al oeste, a ciudades como Chicago,

Filadelfia y Nueva York, los que se fueron bautizaron a los que se quedaron como «country bamas*».

Esos mismos que nos miraron con desprecio por quedarnos tienen abuelas y abuelos que fueron criados en estos mismos caminos de tierra. Pero quizás lo más importante es que cada onza de liberación cultural negra, cada pulgada de ideología política, nació del sur. El espíritu con el que hemos luchado para alcanzar ideales no tan tangibles, como la libertad y la justicia, proviene de nosotros, la gente del campo, y nosotros lo aceptamos con orgullo.

Si eres negro y del campo, has heredado un rico legado cultural, nacido de la tierra del Cinturón Negro que se alza desde la costa de Charleston, con los olores pútridos de las marismas salinas y el sabor de la sémola de maíz grabados en nuestra memoria.

Cuando te has criado en estas comunidades abandonadas donde las escuelas se caen a pedazos y las puertas del hospital están cerradas, lo único concreto que tu familia puede ofrecerte es una conciencia de ti mismo y la noción de ser negro sin pena. Ese orgullo nos permite a algunos maniobrar por los caminos de tierra hacia Wall Street. Pero nuestras familias también nos legan otra cosa: la pobreza.

---

* NdT: «bamas» por «Alabama» y «country», o del campo. Expresión idiomática que significa «gente rústica».

228 años por recuperar

Hay suficientes estudios que muestran que la gente nacida en la pobreza a menudo la hereda, lo que significa que la pobreza pasa de una generación a la siguiente. Los afroamericanos tienen menos chances de escapar de esta transmisión intergeneracional que otros grupos. Hay muchos motivos, incluidas las tasas inusualmente altas de encarcelamiento, la desigualdad educativa, las drogas, la segregación, la discriminación en el empleo y la falta de modelos masculinos a seguir.

Por ejemplo, cuando mi amigo Pop era niño, miró a la gente que había a su alrededor y decidió que quería algo diferente, pero ¿cómo podía romper el ciclo? Tres años antes de que lo conociera, había sufrido una gran pérdida. Su padre había muerto en un accidente de carro justo detrás de Voorhees College. Conducía ebrio y chocó con un gran roble.

El carro quedó destrozado y, como diría Pop décadas más tarde con su marcado acento sureño: «Se le salieron los sesos». Pop, que tenía nueve años, fue al lugar porque «tenía que verlo por mí mismo».

Era la época navideña, y todo lo que Pop había querido ese año era una computadora. Mientras miraba el metal retorcido que había sido el Plymouth verde de su padre, vio los restos de una computadora Apple en el interior. Desde ese momento, Pop desarrolló una gran aversión hacia las computadoras. «Tipeo con sólo dos dedos», dice. «No me interesa aprender a hacerlo correctamente».

Su madre, que trabajaba aquí y allá, manejando clubes

nocturnos y trabajando en restaurantes, crió sola a seis niños lo mejor que pudo.

Hay una pregunta que me hacen a menudo. Es una pregunta que me disgusta, y estoy seguro de que a muchos afroamericanos les disgusta también, porque en esencia ignora tantos hechos importantes de la historia. Usualmente es formulada así: «Ya ves, tantos inmigrantes vienen al país y prosperan. ¿Por qué los afroamericanos no han sido capaces de hacerlo?».

La pregunta descarta cientos de años de esclavitud, y luego años de degradación impuesta por la opresión de las leyes de Jim Crow. Ignora generaciones de privilegio blanco y finge que todos llegamos y permanecimos aquí en el mismo nivel, como si el privilegio blanco estuviera basado en el mérito. Por ejemplo, muchos inmigrantes europeos, que llegaron mucho después que los afroamericanos, adquirieron tierra del gobierno casi gratis para acelerar la colonización del oeste. Recibieron todas las oportunidades posibles para atender sus necesidades materiales. La población negra construyó una nación y se libró de la esclavitud, pero la segregación legal en Dinamarca recién terminó en 1972.

La pregunta desestima cómo el extenso pasado de inequidad racial del país ha contribuido a la enorme discrepancia en la acumulación de fortuna y, con ella, la desproporcionada brecha entre las oportunidades de unos y otros: si las tendencias económicas continúan tal cual, las familias negras de los Estados Unidos tendrán que esperar dos siglos para acumular el mismo monto de riqueza que los estadounidenses blancos disfrutan hoy. La riqueza del hogar promedio de una familia blanca ha crecido un ochenta y cinco por ciento, a $656,000 en los últimos treinta años, de acuerdo con la Corporation for Enterprise Development y el Institute for Policy Studies, mientras que la de un hogar negro ha subido apenas un veintisiete por ciento, a $85 000. Las familias blancas poseen un capital casi diez veces mayor que el de las negras. Los estadounidenses blancos con estudios ganan tres veces más que sus pares negros. Piensen ahora en Dinamarca, donde casi todo el mundo lucha por sobrevivir. Si las estimaciones son ciertas, nos llevará más de dos siglos alcanzar al resto.

• •

A lo que ha sobrevivido alguien como Pop en Dinamarca está siendo olvidado. Los medios equiparan el país rural con el país blanco. No es solamente un retrato que no es fidedigno, sino también influye en cómo la opinión pública percibe la encrucijada de los Estados Unidos. Una quinta parte del país rural está compuesta por gente de color, y su pobreza y sus tasas de deserción de la escuela secundaria son mucho más altas que las de los estadounidenses blancos del campo. La mitad de los residentes de Dinamarca viven bajo la línea de pobreza y la mayoría de los niños que asisten a sus escuelas están inscritos en el programa de almuerzos gratis, que es la medida auténtica de cuán pobre es una comunidad rural. Los ferrocarriles y las corporaciones que solían proveer empleos durante la época de mi padre se han marchado, por lo que muchos jóvenes sin padre como Pop se dedican a vender drogas: *crack*, cocaína y Molly (que en otros sitios es llamado éxtasis).

Tras la muerte de su padre, Pop dedicó toda su atención a dos cosas: fútbol y fútbol americano. Si le preguntan a mi familia cómo conocimos a Pop, casi todos tienen una versión diferente. Sin embargo, hay un hilo común. Después de mudarnos a Dinamarca, mi padre se hizo cargo del centro recreativo de la ciudad, que su madre había dirigido antes que él. Mi papá quería añadir fútbol al programa de verano. Un maestro le habló de un muchacho llamado Jamil, a quien todo el mundo conocía como «Pop». Los adultos creían que a Pop le vendría bien mantenerse ocupado en el centro, y Pop también lo quería.

En Dinamarca no tenemos pandillas, pero tenemos familias con las que nadie se mete, y tenemos los barrios. El de Pop es conocido como «el Hookz». Yo vivía a un lado de las vías, en la comunidad Sato, y él vivía al otro, lo que podría explicar por qué Pop y yo vemos Dinamarca de modos muy diferentes. Yo veo una sola Dinamarca: desolada, a veces lúgubre, pero al mismo tiempo segura, pacífica y conmovedoramente hermosa. Todos la peleábamos, pero él veía el otro lado de esa pelea y dos Dinamarcas: el lado bueno y el «lado malo».

Es por eso, dice, que decidió, de forma extraoficial, venir a quedarse con nosotros: «Para escapar del lado malo». En la sección dura del pueblo, según él: «Siempre ves a unos tipos sentados bebiendo, fumando marihuana, vendiendo drogas, con pistolas en la mano y listos para pelear. Del lado de Bakari no había nada de eso, era muy tranquilo y todo el mundo se dedicaba a lo suyo».

Pop no ve belleza alguna, sólo unos jóvenes en el centro bebiendo gin y jugando a los dados. Él observaría: «Hay un montón de crímenes sin resolver», es decir crímenes que no se resuelven porque los que los cometen a menudo son de algún otro sitio, no de Dinamarca, donde todo el mundo conoce a todo el mundo.

Tiene razón acerca de una cosa. Aunque hubo épocas en que nos faltó dinero, mi familia no era pobre. Mi madre, presentadora de televisión en una pequeña estación cuando vivíamos en Greensboro, empezó a enseñar Comunicación de Empresas en la South Carolina State, que quedaba a sólo veinticinco millas de Dinamarca. Terminé yendo a la escuela primaria en el campus, el mismo campus donde ocurrió la Masacre de Orangeburg. Mi padre tenía oportunidades limitadas por su prontuario, pero después de recibir el indulto, el mundo se abrió también para él. Jarrod Loadholt, mi compañero de cuarto en la universidad, que creció en Orangeburg, decía a menudo: «En casa, los niños crecían leyendo sobre Cleveland Sellers en los libros de historia. Es nuestro Martin Luther King Jr.».

No creo que Pop supiera nada sobre el historial de mi padre cuando se conocieron en 1990. Según se cuenta, Pop tenía hambre un día en el centro de recreación. Le pidió a mi hermana, que estaba de visita por el verano y hacía de consejera extraoficial, si podía conseguirle algo para comer. O no le gustaba lo que ofrecía el centro de almuerzo ese día, o se lo había perdido, pero mi hermana, a quien Pop llamaba «mi novia», lo llevó a casa y le dio sopa y un sándwich de mantequilla de maní. Si le preguntan a alguien de mi familia qué edad tenía Pop en ese momento, dirán que la mía, pero en realidad tenía el doble: doce.

«Pop era un lindo, como Bakari. Los veía como bebés», dice mi hermana.

En su mente, Pop tenía sólo seis años, como yo, aunque probablemente era que yo actuaba como si tuviera doce. Aunque ya era un viejo en un cuerpo de seis años, todavía era un niño, al que mantenían a resguardo en un pueblo nuevo. Inmediatamente me pegué a Pop, jugando videojuegos y viendo partidos en la televisión. Le pregunté a mis padres si lo dejarían jugar conmigo a partir de entonces y les pedí que nos llevaran hasta su casa para pedirle permiso a su mamá.

Mi padre vio en Pop un buen camarada para mí, pero también creía que podía ser una figura paterna para él. Después de esa primera visita, Pop estaba siempre en casa. «Vine y nunca me fui», bromea. Mi madre, que podía ser considerada esnob (o «*bougie*», si uno es afroamericano), no sabía qué pensar de Pop, que era un poco tosco. Con el tiempo, se convirtió en su «cuarto hijo», y en otro hermano más que iba con mi padre y conmigo a los partidos de básquetbol de Lumumba o a visitarlo en Morehouse College.

Durante una misa el domingo de Pascua, Pop, de quince años, fue oficialmente aceptado como ahijado de mis padres. Desde entonces, Pop llamó a mi padre «papá» y a mí «mano». Y como la mayoría de los padres, mi papá y mi mamá tenían largas charlas con él por «meter la pata». Mi madre, que no se aguantaba nada, «se la montaba» bromea Pop a menudo.

Si le preguntan sobre esos líos, él dirá: «Siempre estaba metido en problemas. Solía pelear un montón. Fui acusado de vender drogas. Más tarde, fui acusado de un acto lascivo: una chica mintió sobre su edad. Nunca lo hicimos, pero me arruinó la vida».

Mi padre, en particular, siempre estaba tratando de asegurarse de que Pop no se metiera en problemas. Una vez, Pop llevó un cuchillo a la escuela secundaria para evitar que se armara una pelea en el autobús escolar. Cuando lo arrestaron, pidió a las autoridades que buscaran al Sr. Sellers. Mi padre rogó, lloró y argumentó ante las autoridades para que no lo expulsaran de la escuela o lo enviaran a la cárcel. Fue expulsado, pero no enviado a prisión.

¿Logrará sobrevivir?

La noche en que balearon a Pop, en 2008, yo estaba en un bar viendo el campeonato de la Asociación Nacional Deportiva Universitaria (NCAA, por sus siglas en inglés) en Columbia. Recibí un texto que decía que estaba siendo transportado por vía aérea al Richland Memorial Hospital, y como yo estaba cerca, fui de inmediato. Llamé a mi hermana, que era médica residente en Richland, para que lo esperara. Debería haberme preocupado, pero no lo hice, porque Pop es una de las personas más resilientes que conozco. De alguna manera, siempre ha logrado sobrevivir. Varios años antes lo habían acuchillado;

también había sido arrestado por vender drogas y pasó más de un año en prisión. En un pueblo aislado sin perspectivas de empleo, la vida de Pop era típica.

Estaba jugando cartas cuando le dispararon. Todo el mundo estaba fuera, bebiendo y pasándola bien. Pop vio a que un joven que conocía golpeaba a una mujer y le pidió que se detuviera. Siempre hacía cosas como ésas porque se consideraba un protector. El joven se fue, pero regresó con un arma.

Pop no le prestó atención, aun cuando el joven disparó al aire y le dijo que si se le acercaba le dispararía. Siempre listo para ponerse del lado del desventajado, Pop le contestó que bajara el arma, y se le acercó. La bala le cortó un trozo de pulmón y salió por la axila derecha. Fue llevado de urgencia al Bamberg County Hospital, que por entonces era todavía el hospital local de Dinamarca, y luego trasladado por aire a Richland, Columbia. Despertó gritando, proclamando que iba a moler a palos al tipo que le disparó, así que los médicos le dieron morfina.

Cuando su madre vio toda esa sangre, colapsó. Pop despertó y vio a su madre en una silla de ruedas y se salió de sus casillas de nuevo, gritando y bramando. Después de eso, o estaba con un respirador, o en una nebulosa causada por la morfina.

Una vez que comprendimos que saldría de ésta, sentimos una punzada de ira. Puede parecer una reacción extraña, pero ver a la madre de Pop en semejante tormento frustró infinitamente a mi padre y a mi madre. Mis padres la condujeron al hospital; todos presenciamos su pesar. Pop se había colocado a las puertas de la muerte una vez más, y era muy duro soportarlo. Como médica, mi hermana lo había visto todo, incluso las desagradables y sangrientas cosas que ocurren tras bambalinas. «Estaba tan encabronada con Pop», recordó años después, aunque creo que tenía miedo de perder a nuestro «hermano» y de cómo nos destrozaría a todos.

No recuerdo sentir temor, y mi padre no recuerda haber ido al cuarto de Pop, pero mi hermana cuenta que los dos estábamos visiblemente afectados. Esa noche, después de que todos salieran del cuarto, mi hermana, que mide 1,89 metros, miró a Pop dormido y dijo: «Si vuelves a tener a mi hermano y mi papá llorando al lado de tu cama por alguna tontería, te la vas a ver conmigo. Vayas al cielo o al infierno, te pillaré igual».

Pop no duda de que mi hermana haya hecho esa promesa. Admiro su coraje, su brillantez y su belleza desde que era un chico hambriento en el centro recreativo. Incluso le puso su nombre a una de sus hijas. Sabe que nuestro enojo deriva del amor que sentimos por él.

En 2012, el Bamberg Hospital cerró sus puertas por politiquería y falta de fondos. El cierre fue una confluencia de idiotez y necedad. Debería haber permanecido abierto. Si Pop hubiera sido baleado tiempo después, habría muerto. ¿Quién sabe si podría haber sobrevivido las veinticinco millas en ambulancia hasta el hospital más cercano, en Orangeburg? Odio imaginar siquiera cuánta gente puede haber perdido la vida porque ya no hay hospital en el pueblo. Como dice Pop, en su caso «podría haber sido el momento de liar los petates».

Durante un tiempo después del balazo, Pop se mantuvo a distancia, aunque creía que nosotros hacíamos lo mismo. Dijo que quería probarse, y a nosotros, que podía poner su vida en orden. Cuando me postulé para vicegobernador en 2014, me llamó y estaba en la calle sosteniendo banderas. Dócilmente, nos dijo a mi padre y a mí en diferentes momentos que quería ir a la universidad: «El Sr. Sellers me alentó a no renunciar jamás, aunque hubiera tomado algunas malas decisiones», cuenta. «Bakari también me alentó. Una vez que vieron que arrancaba, me apoyaron, y eso significó mucho para mí».

En 2013, Pop obtuvo su diploma de la escuela secundaria. Muchos años después, consiguió un grado asociado en Ciencias en Denmark Tech. «No soy ningún tonto», le gusta decir. En 2007, se graduó en Administración de Empresas en Voorhees College, con una especialización en Finanzas. Estudió duro y se graduó con honores. Fue aceptado en la Sociedad de Honor Alpha Kappa Mu. Después, pasó un semestre cursando su maestría en Claflin University, en Orangeburg. Para entonces, tenía dos hijos. Su madre le dijo que necesitaba conseguir un trabajo para mantener a su familia, así que dejó la universidad. ¿Pero qué clase de trabajo podría conseguir un hombre con prontuario criminal y sin licencia para conducir en un pueblo donde no hay trabajo? Después de todos sus estudios y su graduación con honores, Pop trabaja, a los cuarenta, en una compañía que hace lavamanos de cocina y puertas. Le pagan ocho dólares la hora.

Habla de sus fallas sin vergüenza. Es el primero en admitir que bebía demasiado, pero que ahora ha cortado y sólo toma Busch Light. Cuando se emborracha, su fuerte acento sureño se vuelve un murmullo gutural que vuelve difícil entenderlo a menos que lo conozcas —pero yo lo conozco—. Nunca es desagradable u hostil: es únicamente filosófico.

Recientemente, en una noche de invierno, escuché la voz de Pop en el teléfono, clara y nítida. Podía oír que hablaba con alguien más. Era mi padre, que les había llevado sándwiches y sodas a él y su familia. Después de que mi padre se fuera en su camioneta, Pop me preguntó dos cosas. La primera: «Si soy tu hermano, ¿por qué no me invitaste a tu boda?».

La respuesta es sencilla: hubo sólo dos personas en mi boda, mi cuñada y mi hermano Lumumba, quien ahora es ministro. Pero no creo que fuera eso lo que Pop preguntaba realmente. Creo que Pop se preguntaba si me había alejado a causa de su pasado. Tuve que considerar con honestidad mis posibles falencias. No andábamos juntos como cuando éramos niños, pero siempre estuve ahí cuando me necesitó. ¿Qué debe hacer alguien que se ganó ciertos privilegios con un amigo que no? Es una pregunta difícil y una con la que lidiamos (o que ignoramos) muchos de nosotros que tenemos hermanos, padres, primos y viejos amigos en esa situación.

Puede que mi respuesta no me haga quedar bien, pero es la verdad. Jamás sería condescendiente con alguien como Pop, un hombre negro, adulto, que ha cometido errores pero que ha hecho todo cuanto pudo para dar vuelta su vida. Sin embargo, todos necesitamos momentos de introspección. Jamás lo rechazaría: forma parte de mi vida tanto como él forma parte del tejido de Dinamarca. Pero Pop necesitó tiempo para recomponer su vida, para realizar cosas importantes, como graduarse de la universidad. Creo que hubo un momento en que comprendió que tenía que crecer. Puede sonar duro, pero es la verdad. Tanta gente le había dado tanto que finalmente entendió que había llegado la hora de recompensar esa inversión. Empezó a cambiar, creo, cuando tuvo hijos.

Su segunda pregunta era aún más profunda que la primera. «Los Sellers dicen que me aman. Entonces, ¿por qué me dejaron en el barrio?».

Para mí, es una pregunta frustrante y que considero una mentira. Yo haré lo que sea por Pop y jamás dejaré a nadie atrás. Y durante la mayor parte de mi vida adulta he sido legislador, un representante elegido para servir a la gente de mi distrito. Mi foco personal está en Pop, claro, pero en mi profesión también me enfoco en todas las historias similares de Dinamarca, todas las voces no escuchadas que Pop representa.

Por ejemplo, en noviembre de 2018, demandé al pueblo de Dinamarca porque el agua no era potable. Los residentes se habían quejado durante una década del líquido óxido que goteaba de sus canillas. Algunos recolectaron muestras, y muchos bebían sólo agua embotellada, a pesar de que el alcalde les aseguraba que todo estaba bien.

Durante una asamblea comunitaria, mientras hablaba con los vecinos, en todo lo que podía pensar era en cómo el mundo se había olvidado de Dinamarca. No fue hasta después de una investigación de un año por parte de CNN que descubrimos que el gobierno estatal había estado vertiendo una sustancia llamada HaloSan en uno de los pozos de la ciudad durante una década para controlar una bacteria perfectamente natural. Entre mi demanda y la atención nacional dedicada al fin a Dinamarca, creo que el problema del agua se resolverá algún día. Pero nadie sabe cuáles son los efectos que podría tener a largo plazo sobre una generación entera. ¿Habrá dificultades de aprendizaje en una comunidad que ya cuenta con un montón de problemas de salud, como diabetes o fallas cardiovasculares? ¿Sabremos alguna vez cómo pudo ocurrir esto durante una década sin que nadie informara a los vecinos de Dinamarca, o sin permiso del gobierno federal?

La indignidad sufrida por la gente de mi pueblo me enferma físicamente, y necesito hacer todo lo que pueda por ayudar. A veces, y en el caso de Pop, desgraciadamente, no alcanzará. Cuando pienso en su pregunta, también tengo que pensar en su dolor y de dónde viene. Cuando niño, sólo quería evitar problemas. Amaba profundamente a su madre y a sus hermanos, pero disfrutaba el orden de nuestra casa y la tranquilidad de nuestro barrio con todas sus dificultades. Lo tratamos como a uno de nosotros. Comió, jugó y durmió a nuestro lado. Quizás se preguntaba internamente: ¿Cómo es que a los niños Sellers les va tan bien y a mí no? Yo viví en la misma casa. ¿Por qué no he llegado adonde ellos han llegado? He hecho grandes cambios en mi vida. ¿Por qué no me va mejor?

Pop cree que su prontuario lo perseguirá el resto de su

vida, pese a sus éxitos académicos y todos los cambios que ha hecho. En cuanto al acto lascivo, no tuvo relaciones sexuales con la chica, pero todavía no consigue que se lo dejen pasar, aunque ella mintió sobre su edad. Pasó trece meses en prisión de una pena total de cinco años.

Pop dice que ha aprendido de todos sus errores. Y por esa razón, y por todos sus logros académicos, lo considero exitoso, aunque le queda mucho camino por recorrer. Pero aún con todos esos logros y toda la ayuda que ha recibido, hay cosas que Pop jamás conseguirá porque está encadenado a su pasado, a la pobreza y a los caminos de tierra de Dinamarca. Sé que hay gente que dice que hay que ganarse el lugar por uno mismo, pero no tienen en cuenta lo que significa ser pobre, negro y aislado en los Estados Unidos.

Antes de los *trolls* existía el *jiving*

En las zonas rurales y segregadas como Dinamarca u Orangeburg, la población negra vive de modo similar a como se vivía en la era de las leyes de Jim Crow. Más allá de la clase social, vivimos en los mismos barrios negros, a menudo asistimos a las mismas escuelas y mismas iglesias negras. Los niños juegan y crecen juntos entre las mismas familias negras, sin importar quiénes son sus padres o cuánto dinero ganan.

Para nosotros, la segregación no era un recuerdo del pasado; era, y es, nuestra realidad.

Pop, hijo de una madre pobre, era mi amigo, pero también lo era Jarrod, criado por dos educadores de Orangeburg. Su madre es maestra de Inglés y ha estado enseñado durante casi cincuenta años en el condado de Orangeburg. Su padre era trabajador social con un diploma avanzado. Pero, aunque algunos de nosotros teníamos padres con una gran educación, todos provenían de los mismos rincones rurales de Carolina del Sur y estaban bien familiarizados con los problemas que enfrentaban sus comunidades.

«Crecimos con gente de todo el espectro», suele decir Jarrod, «desde los que terminaron muertos o vendiendo drogas a los que se convirtieron en doctores. Todos eran amigos nuestros».

Recuerdo perfectamente la vez que conocí a Jarrod, que se convertiría en mi amigo más cercano, mi compañero de cuarto en la universidad y uno de los grandes apoyos en mi vida. Pero en ese primer día de mi segundo año en la escuela secundaria, Jarrod fue malvado. Dado que había nacido y se había criado en Orangeburg, había crecido leyendo sobre la masacre y mi padre en la escuela intermedia, pero nada de eso importó ese día en la Orangeburg-Wilkinson High School.

Yo ya estaba en segundo año, pero era nuevo en la escuela. Al entrar en mi primera clase, Jarrod me miró de arriba abajo. Hoy día le cuenta esta historia a cualquier dispuesto a escucharla. «Yo era uno de esos chicos que esperaba en la puerta para ver cómo ibas vestido al entrar a la clase. Si no ibas bien vestido, empezábamos con el *jivin'*».

Dependiendo de dónde es uno, este juego de monstruoso menosprecio se conoce como «las Docenas», o «*rekking*», o «*signifying*» o «*ragging*», pero en la Carolina del Sur rural la llamábamos simplemente «*jiving*» (mofa). Las bromas estrellas de este juego de insultos son los «*snaps*» (chasquidos, pero también réplicas airadas). La mejor forma de describir el juego es como un duelo verbal, un enredo de crudas ofensas lanzadas de una persona a otra hasta que una de ellas se rinde o se enfurece. A veces, un grupo de personas insulta a otra como en un «Hollywood Roast». Otros van directamente a la yugular insultando a «tu madre». De hecho, el juego «Tu Madre» es un subgrupo del juego de las Docenas.

Existen estudios sociológicos sobre las Docenas, una tradición afroamericana que se cree está relacionada con África o la esclavitud, aunque nadie sabe realmente de dónde viene. Lo que sí sabemos es que empezó en el Sur negro y rural y se extendió a las calles urbanas mucho antes que el rap.

Ese primer día de clases, entré en medio de una nube de mofas adolescentes dirigidas a mí y lideradas por una sola persona. Apoyado contra la puerta, Jarrod preguntó:

—¿Quién es este tipo? No, pero por favor, díganme que no lleva una camiseta de una reunión familiar.

—¡Ahhhh! —gritó el resto, y las bromas y las risas comenzaron de inmediato.

Entre las burlas y fingir que no podía respirar, Jarrod preguntó:

—¿Quién mierda es este tipo?

Algunos de los que habían ido conmigo a la escuela respondieron que fulano de tal. Pero a Jarrod no le importaba quién era. Dijo:

—¡Un momento! ¿En serio lleva pantalones de gimnasia, tenis viejos y una camiseta de una reunión familiar?

El coro de tontos rugió.

—¡Es alto, pero probablemente pesa 120 libras, y sólo si lo mojas! —No podía parar—. Tiene un afro. Pero, en realidad, ¡parece un hisopo!

—¡Ahhhhhh! —festejó el grupo.

Después de que todo el mundo se calmó, Jarrod me miró y dijo:

—Al final, los negros quieren lucir bien, y, en mi opinión, este tipo luce terrible.

Pero lo que los sorprendió y me ganó pronto el visto bueno de un grupo de muchachos que trataban con todas sus fuerzas de ser parte de la banda «cool» fue que me reí tanto como ellos mismos. Como ellos, me ahogaba y agarraba el estómago por la risa. Y eso los descolocó. El blanco de las bromas usualmente replica o se enoja o se va, que es exactamente el objetivo.

Pero ¿por qué iba a enojarme? Estaba clarísimo para todos, incluso para mí, que no había hecho mi tarea como era debido, es decir dedicar tiempo y esfuerzo a lucir bien para el primer día de escuela, y eso era como un pecado. Así que hubiera sido pura locura argumentar en contra de muchachos que habían llevado el arte de la burla casi a la perfección. En realidad, Jarrod tenía razón: era flaquísimo, y con mi afro parecía un hisopo.

Daba igual que la razón por la que no tenía ropa más cool fuera que pasé el noveno grado en una escuela blanca, donde no importaba cómo ibas vestido el primer día de clases. Me gustaban los maestros y los estudiantes de esa escuela, pero quedaba a una hora de casa y jamás veía a mis amigos. Sin embargo, pronto descubrí que estaba aún más fuera de lugar en esta escuela secundaria negra.

Los muchachos habían captado que yo era algo diferente, pero no podían precisar en qué. Y es que yo había entrado a la escuela secundaria a los doce años. Siendo más niño, había salteado dos mitades de curso y un año entero. Fui a kindergarten durante un semestre, y después del receso de Navidad me pasaron a primer grado. También era bueno con los exámenes estandarizados, por lo que pasé a tercer grado al año siguiente en la Felton Laboratory School, en el campus de la South Carolina State. Pero, por más maduro que fuera, un extraño viejo en el cuerpo de un niño, también podía resultar un adolescente algo torpe socialmente.

Allí estaba, un chico flaco de cabeza grande del pueblo más rural posible. Era el blanco perfecto durante la hora de almuerzo, pero yo seguía riendo y aprendiendo. ¿Quieren saber la verdad? Llevaban burlándose de mí por ser el más joven desde el tercer grado, así que no había nada que estos chicos pudieran decir que no hubiera oído ya.

Orangeburg-Wilkinson tenía dos mil estudiantes, así que el almuerzo se hacía en dos lugares diferentes: en la escuela principal y en el vecino Calhoun-Orangeburg Vocational Education Center. En realidad, no ayudaba en nada con la superpoblación. Era un caos absoluto. Teníamos treinta minutos para pagar $1,25 por la comida de la escuela o un sándwich Chick-fil-A o una porción de pizza Papa John's, sentarnos, comer, burlarnos los unos de los otros y reír.

Nuestro grupo estaba compuesto por Jarrod, Reggie Abraham, Tim Jennings, Ryan Brown y Joseph Brandon. Reggie empezaba a hacer *beatboxing*, es decir a hacer sonidos de hip-hop con la boca, como el *scat*, pero con un tono más de percusión. Alguien se sumaba con un rap. Dependiendo del día, podíamos empezar a hacer *jiving*. Alguien te tiraba y tenías que responder. Yo decía algo tipo:

—La mamá de Jarrod es tan tonta que le lleva una hora cocinar arroz instantáneo.

Él respondía:

—La mamá de Bakari es tan vieja que su memoria es en blanco y negro.

Y yo replicaba:

—Tu mamá es tan gorda que cuando Dios dijo: «Hágase la luz», le pidió que se hiciera a un lado.

Otro aseguraba que te habías vestido en la oscuridad, o que te habías puesto la ropa usada de tu hermana. Por supuesto, nada de eso era verdad, y se podía decir cualquier cosa.

Seguíamos con las bromas en clase, aunque también éramos serios a la hora de estudiar. Una de nuestras maestras favoritas era la profesora Miller, que enseñaba Historia Avanzada. Era muy seria, pero nos permitía ser nosotros mismos: un grupo de muchachos de nivel avanzado a los que les gustaba hacer bromas. La profesora Miller nos dejaba burlarnos unos de otros en tanto que no nos pasáramos de la raya. Quizás lo veía como un verdadero rito de iniciación. Después de todo, a la mayoría de los que nos sentábamos en esa mesa nos fue bien en la vida. Reggie se convirtió en un operador político que ha trabajado para Stacey Abrams y Kamala Harris. Después de graduarse de Morehouse, Jarrod fue a Harvard; Ryan y Joseph son médicos; y Tim, un esquinero, ganó el Super Bowl de 2007 con los Indianapolis Colts y después jugó para los Chicago Bears.

No todos tuvieron tanto éxito, pero los que no tuvieron nuestras oportunidades eran tan hábiles en el *jiving* como el mejor, y probablemente hasta más ingeniosos. Incluso hoy las acrobacias verbales que aprendí entonces me dan una ventaja, especialmente en los tribunales. Todo lo que puedan decir sobre mí lo he oído antes. Me ayuda a lidiar con los *trolls* de las redes sociales, a batallar con políticos veteranos y a tener reacción rápida en la televisión.

• •

El profesor Brown, un maestro blanco de la ciudad de Nueva York, nos enseñaba Filosofía en esta escuela secundaria negra de la Carolina del Sur rural. Habíamos tenido unos cuantos maestros blancos, pero ninguno de Nueva York. Jarrod y yo escribimos mucho e hicimos varias presentaciones en esa clase. Leímos libros como *Zen y el arte del mantenimiento de la motocicleta*, que recuerdo como denso y difícil. Jarrod dice que nadie se olvida de ese libro, pero no sé si lo leí para entenderlo, o sólo para pasar la clase.

La escuela me resultaba fácil, pero no por ósmosis. Una vez que leía y anotaba algo, podía recordarlo, digerirlo, entenderlo y recitarlo. Parte de la forma en que aprendía se me daba naturalmente, pero otra parte derivaba de la forma en que mis padres me criaron y de mis hermanos, siempre tratando de desafiarme y de presentarme a otros como mis «tíos» y «tías», que me hablaban de cosas de adultos.

Mi abuela siempre decía que una mente inactiva es el patio de juegos del diablo, es decir, que no se debe permitir a los niños aburrirse demasiado. Mis padres nos ponían en situaciones que nos resultaban un desafío, razón por la cual probablemente no dudaron en aceptar cuando mi maestro de la escuela primaria sugirió que me saltara un grado. Ahora que soy padre, puedo actuar con la convicción de que es mucho mejor poner a prueba a los niños que gastar energía en protegerlos del fracaso.

Mi profesor de Física de la escuela secundaria se dio cuenta de que la clase era demasiado fácil para mí y me dejaba ir a hablar con una de mis maestras favoritas, una joven blanca que me ayudó a dilucidar mi futuro. Mis padres me alentaban a inscribirme en una universidad negra, pero yo necesitaba más orientación. Así que hablé con la maestra sobre las universidades que me gustaban, qué estudiar y adónde ir. Me sugirió libros para leer y hablamos sobre los que ya había leído.

Muchas personas tienen historias sobre consejeros de la escuela secundaria que subestimaron sus habilidades y no los alentaron a ir a la universidad. Aunque yo era un estudiante de A con unas calificaciones muy altas en la prueba estandarizada SAT, también me dijeron que fuera al ejército en lugar de solicitar un lugar en Morehouse College. Esos maestros y consejeros no pretenden subestimar a los estudiantes, sino protegerlos del fracaso. Cuando estaba en la escuela secundaria, había demasiados cuentos admonitorios sobre estudiantes de Orangeburg a los que no les había ido bien en las grandes universidades. De hecho, todo lo que Jarrod y yo oíamos era: «No seas como Lenny». Lenny se había graduado en Orangeburg-Wilkinson e ido al Morehouse, pero había fracasado en los estudios y se había vuelto a su casa.

Aunque el estado y el gobierno les ataban las manos, los maestros daban todo de sí. Pero la verdad es que las escuelas no hacían un buen trabajo en preparar a los chicos del campo para el currículum global competitivo del siglo XXI. En todo el país, decenas de millones de estudiantes abandonan la universidad antes de graduarse y un gran porcentaje de ellos son chicos rurales, que pueden no estar preparados emocional o académicamente para enfrentar grandes instituciones. Así que, cuando los maestros nos subestimaban, era porque no querían que nos convirtiéramos en otros protagonistas más de aquellos cuentos.

Pero yo sabía que podía terminar la universidad porque había visto a mi hermana y a mi hermano hacerlo. Había pasado mucho tiempo en el campus de Morehouse con mi hermano Lumumba cuando tenía once y doce años. Me dejaba cargar su casco después de los partidos de fútbol americano, o los de otros jugadores. Tenía una butaca de primera fila para presenciar la vida universitaria y las conversaciones intelectuales que tenían lugar alrededor de nosotros. Me sentaba en el cuarto de mi hermano a escuchar y a participar de las discusiones sobre todo tipo de temas, desde las escuelas chárter a las letras comprometidas de bandas de hip-hop sureño como OutKast y Goodie Mob. Mi hermano y su compañero de cuarto ponían una canción de Goodie Mob, la detenían, la analizaban y volvían a ponerla. Nos concentrábamos estrictamente en el rap sureño. El hip-hop de Atlanta, en particular, era muy popular entre nosotros, y estoy seguro de que fue parte de la razón por la que ir a estudiar allá nos resultaba atractivo tanto a Jarrod como a mí. En la escuela secundaria, «No Mo Play in GA» de Pastor Troy era súper popular. En la universidad, era todo OutKast y Dungeon Family.

En el momento en que mi hermano aceptó la vacante de Morehouse, una red invisible se hizo visible ante mis ojos. Graduados que él no conocía lo llamaban. Estaba literalmente experimentando cómo cobraba vida uno de los componentes de la famosa mística de Morehouse.

Años más tarde, no tenía idea de que Jarrod había sido aceptado en Morehouse hasta que uno de los consejeros le dijo en la iglesia, un domingo, que yo también iba a ir. Jarrod me vio en la escuela y me dijo:

—Oye, ¿vas a Morehouse?

—Sí, voy.

—Okey. Recibí la carta, seamos compañeros de cuarto.

—Chévere —respondí, y el resto, como dicen, es historia.

III

Encandilado por los estudios

Cómo se hace un hombre de Morehouse

Cuando llegué a Morehouse College, tenía sólo dieciséis años, pero nadie hubiera adivinado mi edad porque medía un poco más de 1,95. Me acompañaba Hércules, mi pitón real de un metro veinte, lo que tendría que haber sido un indicio inconfundible, pero mi edad siguió siendo un secreto hasta que mi madre envió un enorme racimo de globos a mi dormitorio unos meses más tarde con la leyenda *¡Felices 17!* Que me morí de la vergüenza es poco decir.

Aunque las mascotas estaban prohibidas en el campus, Hércules vivió en mi cuarto sin que Michael, el director de las residencias, lo averiguara jamás, quizás porque no pasaba mucho tiempo por allí, dado que acababa de casarse. Michael nos trataba como adultos, y tenía una sola regla: no me falten el respeto y me obliguen a que los reporte.

Jarrod y yo nos mudamos al dormitorio 122 en el bloque de honor llamado Graves Hall. Era una de esas residencias universitarias de viejo estilo, con una cama individual a la derecha y otra a la izquierda. Yo tenía mi serpiente, y Jarrod su televisor. Éramos los únicos muchachos de Orangeburg en esa época, dos de un grupo de gente etiquetada como «los del campo».

· ·

Morehouse no se parecía a nada que hubiera visto antes. Desde el momento en que caminamos por el campus, en el centro de Atlanta, supimos que estábamos en un lugar especial. Grandes estatuas de hombres negros se erguían a lo largo del campus y los dormitorios tenían más de cien años. La escuela fue fundada en 1867 para enseñar a los hijos de los exesclavos a leer y ha crecido hasta convertirse en una de las instituciones educativas privadas para varones más prestigiosas del país.

La orientación para los nuevos estudiantes enfatiza la «mística de Morehouse», el legado de la escuela y el «hombre de Morehouse»: hombres como Martin Luther King Jr., Samuel L. Jackson, Spike Lee, Herman Cain, entre otros. Aprendimos que éramos alcaldes, científicos, actores, altos funcionarios del gobierno, escritores, políticos y activistas.

La institución se cuida mucho de revelar cuáles son los ingredientes precisos de esa mística exitosa, pero parte de ello consiste en elevar la conciencia del joven negro desde el momento en que entra en el campus, metiéndole en la cabeza que está en un lugar especial, que forma parte de una sociedad que lo sostiene y que debe asegurarse de que sus compañeros hagan lo mismo. Es la experiencia de atravesar grandes desafíos y salir más fuerte, y con lazos fuertes con aquellos que te apoyaron o lucharon a tu lado a lo largo del camino.

Recuerdo algo que nos dijo Henry Goodgame, un administrador de Morehouse: «No importa lo que sea que les hayan dicho que no podrán ser, han llegado a un lugar adonde sabemos que pueden ser exitosos: si nos dan la oportunidad de hacer lo que sabemos, los ayudaremos a lograrlo. Si quieren ser un tipo callejero y quieren dedicarse a las drogas, quédense en la calle, porque hay toda una industria para ello, váyanse. Pero si quieren estar aquí y ser líderes de su raza, líderes en la sociedad global, entonces tienen que trabajar con la fórmula que tenemos y que sabemos que funciona».

La ceremonia de orientación está diseñada para ser un momento sagrado para los de primer año. Es un rito de iniciación, mucho más que simplemente soltar a un chico en la universidad y ayudarlo a organizar su dormitorio. Nos reunimos con nuestros padres en la Martin Luther King Jr. International Chapel. Había que verlo: unos setecientos jóvenes negros, vestidos igual, con los colores de la escuela, la misma corbata negra, la misma camisa blanca abotonada, los mismos pantalones, el mismo blazer bermellón.

Llevar el uniforme no es meramente protocolar, sino una pieza clave de la mística. La idea es que uno pierda la individualidad desarrollada en los distintos pueblos natales y se convierta en una clase de hombres destinados a liderar. Nos vestimos como una unidad, lo que proclama: me importa que triunfes, hermano, porque me representas y yo te represento.

Durante la ceremonia, las autoridades y los estudiantes pronuncian discursos emotivos en que nos exhortan a mirar a derecha e izquierda, porque nos hallamos en una sala llena de grandeza. Esta es una escuela, dicen, donde se formaron gigantes. Al mirar, vemos chicos pobres, chicos ricos, chicos del campo y metropolitanos, exmatones y *nerds* de las ciencias; hay estudiantes extranjeros, hijos de celebridades y de diplomáticos que fueron criados por padres que apenas tenían para vivir; y todo lo que cabe en el medio. Pero todos tenemos dos cosas en común: somos negros y somos los mejores de nuestra clase. Excepciones al estereotipo, somos jóvenes negros que quieren estudiar en serio.

De los cuatrocientos chicos de Orangeburg-Wilkinson High School, apenas unos cinco varones, incluidos Jarrod y yo, éramos partes del veinticinco por ciento de los mejores de la clase; el resto eran chicas. En Morehouse, cientos de jóvenes negros se graduaron como los mejores de su clase.

Durante la ceremonia de despedida, se dice a los padres que han hecho lo correcto. Se les pregunta: «Si no pueden dejar a su hijo en Morehouse, ¿dónde pueden dejarlo? Las calles no son seguras; el mundo no es seguro; pero aquí, su hijo construirá una red de relaciones que lo beneficiará a largo plazo». Dejamos la capilla del brazo de nuestros padres hacia el gran portón de la escuela. Una vez allí, se nos indica que nos detengamos y a nuestros padres que continúen hasta atravesar el portón. Mientras nos dan la espalda, la puerta se cierra y nos conducen de regreso a la capilla. Para cuando nuestros padres se vuelven, ya nos estamos yendo, abandonando nuestra niñez con ellos para siempre.

Mi madre dice que en ese momento los padres comprenden que sus niños están por convertirse en hombres. «Lloré tanto con Bakari como con Lumumba».

· ·

Cuando al fin nos quitamos las galas, pudimos ver cuán diferentes éramos. Había chicos de Houston que sólo usaban botas Polo. Los de D.C. vestían con dos o tres colores —negro, rojo y azul— y amaban sus tenis futuristas, como las Nike Air Foamposite, y los buzos con capucha. Los de Atlanta tenían su propio dialecto, y, como se hallaban en su propio territorio, se sentían cómodos usando chancletas con medias. Los de Nueva York vestían enormes camisetas blancas y gorras intencionalmente grandes. Podían ser odiosos, porque todo lo que salía de su boca era «Nueva York». Los de Detroit, con sus suéteres de Fat Albert y Coogi, eran los mejor vestidos. Tendían a ser chicos negros de los suburbios, cuyos padres, ejecutivos de grandes empresas, deseaban con desesperación que sus hijos tuvieran la experiencia de estar con otros afroamericanos.

Jarrod y yo éramos «del campo». Nuestro atuendo era una combinación de ropa mal ajustada que alguna vez pensamos que eran *cool*: lo que hubiera en la tienda Belk. Llevábamos ropa marca Nautica, Polo y Tommy Hilfiger, y, cuando queríamos ponernos elegantes, agregábamos un par de pantalones caquis.

A pesar de nuestras diferencias exteriores, todos advertimos que algo ocurría: los discursos y el modo en que las autoridades y los estudiantes mayores se conducían se nos pegaban rápido. Nos decían todo el tiempo que éramos parte de una hermandad construida sobre la base de lo que se puede lograr ayudándonos mutuamente. Empezamos a creer que éramos parte de un ambiente en el que debías estar alerta y en el que era tu responsabilidad mantener a tu compañero igual, de alerta para que no se perdiera todo lo que nos estaban ofreciendo.

Algo en el ambiente alentaba el respeto mutuo, pero todavía éramos muy jóvenes y con mucho que aprender. El día de la orientación, Jarrod y yo conocimos a alguien que sería una parte importante de mi vida en Morehouse, del primer al último día. Del mismo modo en que Jarrod había empezado conmigo en la escuela secundaria, así empecé yo con Brandon Childs. Era de las afueras de Atlanta, no del campo, pero tampoco de la ciudad.

Mientras que la gente asumía que yo era basquetbolista por mi altura, no había nada en Brandon que indicara a un deportista. Medía apenas 1,85, usaba gafas y era callado. «Era ese tipo de chico desgarbado y bobalicón al que le gusta bailar y que no es nada bullanguero», recuerda Jarrod. Así que cuando Brandon nos dijo que había entrado en Morehouse con una beca como basquetbolista, lo cual era muy poco común, empecé a burlarme: «Si alguien como tú puede conseguir una beca de básquetbol, seguro que me puedo conseguir una».

No paré hasta que vi a Brandon en la cancha, pasando de largo a los defensores, convirtiendo triples. Conducía el ataque y jugaba como defensor. Morehouse no había tenido mucho éxito en básquetbol, pero Brandon dio vuelta el equipo durante los cuatro años que estuvo allí. Así de bueno era.

Se convirtió en un gran amigo, pero Jarrod jamás me permitió olvidarme de mis primeros comentarios sobre Brandon: «De todas las personas a las que Bakari podía criticar, literalmente en el primer día en Morehouse, eligió al tipo que terminó siendo una de las mayores estrellas de básquet de la universidad en toda su historia».

Lo que hacía que la anécdota fuese especialmente divertida para Jarrod es la broma constante entre mis amigos sobre lo malo que soy jugando al básquet, pese a todo mi amor por el juego. Morehouse tenía un equipo de segunda división, así que había posibilidades limitadas para quienes querían conseguir un puesto. Jarrod jamás me permitió olvidar que no lo logré. «Lo divertido es que Bakari habla como si fuera bueno, pero no lo es», dice Jarrod. «Lo he visto jugar durante años. Nunca ha sido bueno. En su mente, sabe de básquet, así que, en su mente, es bueno».

Después de que fallé en entrar en el equipo, Jarrod se ocupó de informar a nuestros amigos en casa. Llamó a Gavin Jackson, un compañero de la secundaria de Orangeburg.

—No te lo vas a creer.

—¿Qué? —preguntó Gavin.

—*Man*, este Sellers está tratando de entrar en el equipo de básquet.

Y Gavin replicó algo tipo:

—¿Qué equipo? ¿El de Spelman?

(Spelman es la universidad para mujeres que se está al lado de Morehouse).

A pesar de nuestros mutuos pinchazos, Jarrod siempre ha sido alguien con el que he podido contar, el más auténtico ejemplo de hermandad. Terminó manejando mis exitosas campañas políticas en la universidad, así como la que hicimos para una banca en la Cámara de Representantes de Carolina del Sur. Es una lección de humildad haber crecido en Dinamarca y tener un amigo como Jarrod, que siempre te pondrá los pies sobre la tierra. Es probablemente la razón por la que no temo mostrar mis fallas al mundo. Y estoy seguro de que Jarrod podría decir lo mismo.

En esos primeros días después de la orientación, Jarrod y yo la tuvimos fácil haciendo amigos. El *jiving* seguía en la universidad, y nuestra maestría en ello nos hizo destacar. De hecho, muchos de los hermanos de Morehouse se quedaron de una pieza ante nuestra aptitud superior en el arte de la guerra verbal, especialmente cuando intentaban defenderse. Pronto aprendieron que éramos un poco mejores. A menudo, exasperado, alguien exclamaba: «Ah, son tan del campo», y nosotros lo aceptábamos, porque sabíamos que cuando alguien de Morehouse te decía que eras del campo lo hacía con amor fraternal.

· ·

Durante nuestro segundo mes en Morehouse, dos aviones se estrellaron contra las Torres Gemelas de Nueva York, el 11 de septiembre de 2001. Nos despertamos tarde ese día, y Jarrod encendió el televisor para ver las Torres quemándose. Al principio pensamos que se trataba de un terrible accidente, pero enseguida oímos sobre los terroristas. Por supuesto, los únicos terroristas de los que esos dos chicos del campo habían oído hablar eran miembros del Ku Klux Klan.

Ese día, se cancelaron las clases y algunos estudiantes tuvieron que volver a casa en el noreste para estar con sus familias. Para algunos de nosotros, era como estar en la película *El día de la independencia*, en la que los extraterrestres atacan la Tierra. Pero muchos otros se sentían seguros al estar en Atlanta, porque razonaban que nadie atacaría a una ciudad mayoritariamente negra. ¿Para qué? De algún modo, todo siguió como siempre.

Jarrod siguió siendo igual de estudioso, pero yo no, porque tenía sólo dieciséis, estaba libre de las riendas de mis padres y podía entrar en cualquier discoteca que quisiera con una identificación falsa. Mis fines de semana empezaban el jueves y terminaban el domingo por la noche. Y la pasaba mejor que nunca —hasta que todo se descarriló—.

Durante mi primer semestre, fui citado por el decano, quien me dijo que me colocaban en un período de prueba. Varios meses más tarde, perdí mi beca. También fui arrestado en el campus de nuestra escuela hermana, Spelman. Estaba sentado en el centro de estudiantes con una chica y la estábamos pasando tan bien que nos olvidamos de mirar la hora. Vi el reloj como a las 10.30 p. m., pasada la hora límite, y luego vi a los policías del campus que se me venían encima de a cuatro. Me escoltaron hasta la salida y fui citado por invasión de la propiedad y acciones impropias de un hombre de Morehouse.

Hubo más cambios. Había empezado como estudiante de Medicina: mi hermana era médica, así que pensé que yo también iba a serlo. Pero claramente no encajaba. Como había saltado grados cuando era más chico, las matemáticas nunca se me dieron, y no tenía idea de que hacía falta tanta matemática para convertirme en médico.

Finalmente tuve un momento de introspección, después de comprender que necesitaba dar con una orientación que aceptara todos los créditos que tenía, porque no iba a poder permanecer en la escuela un año más si fallaba en el primero. Así que me cambié a Estudios Afroamericanos. Por suerte, aceptaron todos mis créditos. Mi breve aventura en el mundo de la medicina se había terminado.

Mi hermano Lumumba se pregunta si mis padres habían hecho bien en hacer que tanto mi hermana, que comenzó la universidad a los dieciséis, como yo nos saltáramos grados. Dice que podíamos estar cohibidos porque éramos siempre más jóvenes que nuestros pares.

Cuando era más joven, mi hermana y yo teníamos discusiones graciosísimas sobre quién era el más inteligente. Lumumba dice: «Ellos tienen cerebro, pero yo tengo sentido común». Se dice en la familia que Nosizwe y yo éramos diferentes clases de estudiantes. Ella aprendía rápido, pero tenía que estudiar. Bakari, dicen, podía escuchar y entender lo que escuchaba enseguida.

Lumumba era algo diferente: pensaba las cosas. El verano antes de comenzar en Morehouse, buscó un trabajo que le diera la mayor cantidad de dinero posible para la escuela, pero que también le proveyera suficiente actividad física como para jugar al fútbol americano en la universidad. La compañía constructora que eligió era, coincidentemente, la que mis padres contratarían para edificar nuestra nueva casa, grande y de una sola planta, sobre tres a cuatro acres de tierra. Así que cuando mi hermano volvió para el Día de Acción de Gracias, pudo vivir en la casa que había construido con sus propias manos, lo que consideró uno de los momentos más espirituales de su vida. Aprendió lo que se siente ayudar a realizar en ladrillo y argamasa algo soñado en papel. El año anterior, había decidido que debía trabajar con un chef porque le encantaba cocinar. Y así lo hizo. Ahora es ministro y un cotizado ejecutivo tecnológico. Mientras que mi hermana y yo buscábamos trabajos que proveyeran un servicio en lugar de los salarios más altos, Lumumba hizo ambas cosas.

. .

Aunque mi madre, sobre todo, no estaba muy feliz con lo que escuchaba sobre mí en Atlanta —las muchachas, las fiestas, los documentos falsos y la pérdida de la beca—, poco podían hacer mis padres. Sabían que no iba a fallar en la escuela porque desde pequeño me habían educado para hacer lo correcto, pero mi madre estaba preocupada porque, según ella misma dijo, yo era «joven y del campo».

En realidad, yo estaba totalmente enfocado en cultivar relaciones y crear momentos. Es lo que me habían enseñado mis padres, y esas enseñanzas me ayudaron a reparar mis errores.

Mi objetivo en Morehouse era vivir la experiencia de ser estudiante, descubrir qué me apasionaba, y así lo hice. El trabajo de un profesor es hacer sudar el cerebro de sus estudiantes, mantenerlos en ascuas con los estudios más avanzados. Mis calificaciones no mejoraron mucho, flotando un poco por debajo de, o exactamente en, 3,0 (sobre 4,0), pero tampoco empeoraron. Nunca falté a clase, siempre hice mi trabajo y continué aprendiendo, pero mi esfuerzo no estaba dedicado ya a obtener calificaciones perfectas. En cambio, estaba descubriendo nuevas ideas y probando nuevos intereses.

El verano después de mi primer año, tenía diecisiete y me preguntaba qué hacer. Jarrod ya tenía planeado su verano. Se iba a Washington, D.C., a trabajar de pasante en la oficina del congresista Jim Clyburn, en la fundación del bloque parlamentario (o *caucus*) negro. Yo también quería hacerlo, pero cuando intenté presentarme me dijeron que la oficina de Clyburn no iba a tomar a otro pasante. Así que llamé a mi madre. Era implacable cuando quería algo o creía que necesitábamos algo. Es la mujer que logró entrar a la prisión, a fuerza de hablar, para que mi padre conociera a su hija. Cuando le conté mi dilema, levantó el teléfono y habló con el propio Jim Clyburn. (Clyburn era de Sumter, Carolina del Sur, y él y mi papá habían sido muy cercanos durante los sesenta).

—Quiero que mi hijo sea pasante —dijo.

Y me contrataron.

Me pagaron 998 dólares por todo el verano. En Washington, me quedé con mi tía Florence, la hermana de mi abuela. Vivía en un hermoso *brownstone* cerca de la Calle 14 con la calle Kenyon NW, justo enfrente de una escuela primaria y un McDonald's.

Sobreviví con la comida que había en las recepciones de la legislatura y los restos congelados del refrigerador de mi tía. Una de las cosas especiales que me enseñó, incluso a su edad, fue cómo rasurarme. Necesitaba aprender porque sólo podía costearme una visita a la barbería semana por medio y estaba empezando a tener vellos en la cara, es decir que no tenía el aspecto prolijo tan común en el Congreso.

Mi papá iba a explicarme todo por teléfono, pero él usaba Magic Shave, que no me gustaba. Primero, hiede y quema, y segundo, la primera vez que intenté usarlo no pude sacarme todo el pringue de la cara. También, por alguna razón, mi papá se rasuraba con un cuchillo de untar, una costumbre que no quería heredar. Por suerte, la tía Florence me rescató.

Fuimos al baño, donde me mostró cómo usar agua caliente para lavarme la cara, cómo untarme la crema de afeitar. Luego se me acercó y me indicó que me tirara un poco de la piel para tener una superficie regular y una dirección en la cual rasurarme. Cada vez que pienso en mi primera afeitada, veo a mi anciana tía rondando cerca de mí.

. .

Nuestra familia tenía un gran respeto por el congresista Clyburn y su esposa, a quien llamábamos Sra. Emily. Se habían conocido en la cárcel en los años del movimiento por los derechos civiles. Ella le ofreció parte de su sándwich y jamás se separaron desde entonces.

Clyburn tenía una oficina simpática, con gente que me inspiró a convertirme tiempo después en abogado. Uno de los jóvenes que conocí y con los que trabajé allí fue Jamie Harrison, famoso en la Orangeburg-Wilkinson High School porque había logrado salir de Orangeburg y estudiar en Yale. Trabajaba para el congresista durante el día y asistía a la Escuela de Derecho de Georgetown por la noche. También estaba Barvetta Singletary, que sabía todo sobre políticas de salud. Todos nosotros, incluido Jarrod, reportábamos a Yelberton Watkins, el jefe de gabinete, a quien llamábamos afectuosamente «Yebbie». Era de Columbia, la capital de mi estado.

A veces hacía mandados para Yebbie, que incluían buscar a sus sobrinas en su campamento de verano, cerca de Georgetown. Me daba un poco de dinero y les compraba helados antes de llevarlas al Congreso. También respondía las cartas de los ciudadanos. Cada tanto tenía la oportunidad de servir de guía de una visita al Congreso y andar en el viejo metro eléctrico que une los distintos edificios de las dos cámaras.

Lo más importante que hice fue observar y aprender del propio Clyburn. Esto fue mucho antes de su exitosa postulación para ser «*whip*», es decir, el legislador que asegura la disciplina de la bancada mayoritaria, en 2019. Para entonces, ya había trabajado diez años en el Congreso, era miembro del Comité de Asignaciones y había acumulado el respeto y la admiración de sus colegas.

Cuando uno entra en su oficina, ve en la pared las fotos de la familia Briggs y su lucha por obtener justicia en la educación. Harry y Eliza Briggs fueron los demandantes en la causa Briggs v. Elliott de 1952, que cuestionó la segregación racial en Summerton, Carolina del Sur, y se convirtió en el primero de los cinco casos que se combinaron en el famoso Brown v. Board of Education sobre el que resolvió la Corte Suprema de Justicia de los Estados Unidos dos años más tarde.

Hay dos cosas que uno no podía eludir sobre Jim Clyburn. Primero, era negro sin pena. Se preocupaba por temas que afectaban directamente a la población negra. Y segundo, era, hasta el tuétano, un nativo de Carolina del Sur. Contra la creencia popular, Carolina del Sur produce más duraznos que Georgia, y cada año la delegación del estado regala duraznos a todo el mundo en el Congreso. Ese verano, nos tocó a Jarrod y a mí repartirlos. Decidimos darle todos los dañados a Katherine Harris, la exsecretaria de Estado de Florida que adquirió notoriedad durante la debacle de las elecciones de 2000, cuando adjudicó los electores del estado a George Bush, repartirlos, de hecho, la presidencia a él en lugar de a Al Gore. Luego se convirtió en legisladora republicana.

Después de recibir nuestros duraznos, apuesto a que Harris aprendió que Carolina del Sur produce la mayor cantidad de duraznos, más que Florida, ¡pero también estoy seguro de que no le gustan!

Debo admitirlo: Jarrod y yo nos dejamos cautivar por el relumbrón de ser pasantes del Congreso, pero, más importante aún, comenzamos a creer que lo que soñábamos podía hacerse realidad. Y fuera por influencia de Morehouse o del ambiente del Congreso (probablemente ambos), soñamos un montón ese verano. Era fácil imaginar que tendríamos éxito, porque veíamos líderes de Washington que lucían como nosotros y que hacían lo que nosotros queríamos hacer.

La gente me pregunta a menudo qué puede hacer para ayudar a que un joven se convierta en líder, o para inspirarlo a que salga a cambiar el mundo. Y yo respondo: cuando eres negro, lo primero que puedes hacer es convertirte en ejemplo. No puedes decirle a un chico negro que sea médico si jamás ha visto un médico negro. No puedes decirle que sea abogado si jamás ha conocido un abogado negro. Jarrod y yo pudimos ver cómo se hacía *lobby*, que es aquello a lo que él se dedica hoy, y cómo ser abogado, que es lo que soy hoy. A través de ejemplos, fuimos capaces de imaginar nuestro futuro y luego creer que podíamos alcanzarlo, aunque viniéramos de los aislados caminos polvorientos de Carolina del Sur.

IV

Cómo se hace un político,
primera parte

A menudo, hay padres que se me acercan y me preguntan: «¿Cómo fuiste capaz de hacer lo que hiciste tan joven?». O tratan de comparar a sus hijos conmigo. Yo les digo que cada uno encuentra siempre su nicho, pero en tiempos diferentes. Yo no descubrí mi propósito en la vida, por así decirlo, hasta el verano posterior a mi atribulado primer año en la universidad. Tenía diecisiete años cuando comencé a pensar en postularme para un puesto político. En realidad, fue durante ese verano en la oficina del congresista Clyburn que Jarrod y yo empezamos a planear formalmente mi postulación a la legislatura de Carolina del Sur. Habíamos descubierto que competir por un cargo era una ciencia y estábamos entusiasmados de que pudiéramos entenderla.

Reunimos información, pasamos horas y días revisando sitios web para registrar votantes en Internet e investigamos todo lo que sabíamos que podía ayudarnos a ganar en unos pocos años.

Comenzamos por examinar la trayectoria de mi futuro oponente. Thomas Rhoad Jr. era por entonces un hombre blanco de ochenta años, exgranjero y lechero que había retenido su banca durante más de veinte años. Estudiamos los distritos que representaba y quiénes componían su electorado, y advertimos que eran mayoritariamente negros, incluido mi pueblo natal. Revisamos sus votos en la Cámara de Representantes para ver qué había hecho para ayudar a mejorar la zona. Hallamos lo que ya sabíamos: el distrito era social, económica y académicamente emblemático de un gran problema de Carolina del Sur. No crecíamos, ni siquiera lentamente: estábamos decayendo.

Pasamos más tiempo del que se pueda imaginar estudiando quiénes votaban por Rhoad y dónde vivían. También analizamos el trazado de los distritos en un período de veinte años. Todos estos esfuerzos tendrían su recompensa, pero ese año había mucho más que hacer.

Cuando regresé a Morehouse para mi segundo año, hice lo necesario para mantenerme, pero me había picado la comezón política. Quería adquirir experiencia como líder, así que competí en, y gané, mi primera elección estudiantil. Era una típica campaña universitaria: tocar puertas, colgar volantes.

Pero me fijé como propósito y prioridad cultivar relaciones. En otras palabras, me aseguré de ver gente cada día.

Lo digo en el más auténtico sentido de la palabra: fuera el conserje, los trabajadores de la cafetería o el presidente de la universidad, me aseguraba de que la gente supiera que la veía. Hice lo mismo con mis compañeros, con mis amigos, con toda la gente con la que entraba en contacto cada día. Es una cualidad que mi padre y mi madre me inculcaron y que tiene un valor real en la política.

Intenté ser afable y mis compañeros me recompensaron eligiéndome presidente de la clase al año siguiente. Mi segunda campaña, sin embargo, no fue tan fácil. De hecho, resultó un infierno.

• •

El verano previo a mi tercer año, en 2003, cuando ya tenía dieciocho, vivía en un complejo de apartamentos llamado Villages of East Lake con cinco de mis mejores amigos: Anthony Locke, Rob Hewitt, Jason Mercer, Brian Fitch y Brandon Childs. La zona era predominantemente negra y habitada en su mayoría por estudiantes. Teníamos dos apartamentos contiguos de tres cuartos. Trabajaba como pasante en la oficina de la alcaldesa de Atlanta y viajaba cada día en el MARTA, el sistema de subterráneos de la ciudad.

No recuerdo si me pagaban, pero apenas me las arreglaba. Dado que ya no tenía una beca, vivía de lo que quedaba del préstamo con que pagaba la universidad. Firmaba un montón de cheques para cubrir el alquiler, la comida y otros gastos fijos por un período de seis meses. Todo lo demás tenía que racionalizarlo y hacerlo durar.

Lo único que había para comer en la casa eran patatas. Iba a la cocina compartida de la oficina de la alcaldesa, calentaba dos en el microondas, tomaba un tenedor de plástico y me escondía en una oficina para que nadie me viera comiendo patatas rociadas con aderezo *ranch*.

Pese a la falta de fondos, lo que aprendí no tenía precio. De hecho, tanto Jim Clyburn como Shirley Franklin, por entonces alcaldesa de Atlanta, inspiraron mi primer eslogan político: «No se trata de política, sino de servicio público».

Franklin había asistido a Howard University con mi papá. Siempre la llamaba por su nombre de soltera, Shirley Clark, así que nunca supe de quién hablaba. Aunque no debía medir más de 1,52 metros, la alcaldesa Franklin era una gigante. Exigía e imponía respeto, pero también lo daba. Desconocidos la paraban en las veredas de Atlanta y se inclinaban para darle un gran abrazo. Shirley Franklin se vestía de punta en blanco cada día y, como muchas mujeres afroamericanas de la generación anterior a la suya, siempre llevaba una flor fresca a modo de broche.

Atlanta es una ciudad manejada exclusivamente por afroamericanos, y a veces permitimos que nuestras pequeñas diferencias obstaculicen su gobernabilidad. Pero, según yo lo veo, la alcaldesa no era así: se enfocaba en las cuestiones importantes para los ciudadanos; jamás las elegía por su atractivo. Por ejemplo, trabajó arduamente para reparar el servicio de agua de la ciudad, lo que podía no resultar sexy, pero afectaba directamente a todos.

Algo que aprendí trabajando en el Congreso con Jim Clyburn y en la oficina de la alcaldesa es que la savia vital de la política es algo muy simple: las relaciones.

Mis amigos y yo habíamos construido ya una enorme alianza. Nuestra notoriedad derivaba del hecho de que éramos parte de diferentes grupos: conseguimos el consenso de gente muy popular e influyente en el campus. Brandon Childs era jugador de básquet. Jarrod, aunque no vivía con nosotros ese verano, era un líder en acenso en Alpha Phi Alpha, una de las fraternidades tradicionales e históricamente negras del campus.

Yo no era parte de ningún grupo, pero mantenía amistad con todos. El editor en jefe del periódico universitario era buen amigo mío y el capitán del equipo de básquet era uno de mi banda. Como cualquier otra escuela, Morehouse tenía diferentes grupos: los de negocios, los atletas, los de las fraternidades, los *nerds*, los internacionales, los gays. Yo era amigo de todos.

Ese verano, mi banda y yo nos hicimos conocidos también por nuestras épicas fiestas. Atlanta siempre ha atraído estudiantes negros de todo el país. A fines de los ochenta, y a lo largo de los noventa, caravanas de estudiantes universitarios viajaban a Atlanta para el «Freaknik», una fiesta masiva callejera de hasta doscientos mil estudiantes que gastaban unos veinte millones de dólares en la ciudad. Obviamente se sentían cómodos de venir a un lugar en que la gente en el poder lucía como ellos. Otro atractivo era que Atlanta se ufanaba de cuatro universidades históricamente negras: Morehouse, Spelman, Morris Brown y Clark Atlanta University.

Todos sus estudiantes parecían haber decidido asistir a nuestras fiestas ese verano. No teníamos mucho dinero para comprar alcohol, así que hacíamos durar los tragos. Preparábamos una mezcla de Hi-C, cóctel de frutas y 190-proof Everclear, que dejábamos marinar hasta el día siguiente en una hielera. Extendimos plástico en el piso y usamos el Nissan Sentra que mi hermana me había comprado para mi cumpleaños para romper la barrera de madera de la entrada a nuestro edificio. Eliminada la barrera, hasta una docena de carros podían entrar a la vez.

Para el fin de la noche, habían pasado por ella unos cien estudiantes. Curiosamente, en esos años los vecinos rara vez nos denunciaban a la policía.

• •

La política en Morehouse era un asunto serio. Los compañeros pronunciaban discursos, repasaban planes de campaña; otros creaban estrategias y me encantaba todo eso. Así que, en mi tercer año, y con toda la confianza del mundo, entré en escena para competir por el puesto de presidente de la Asociación de Gobierno Estudiantil (SGA, por sus siglas en inglés). Para algunos, especialmente «los del SGA», mi decisión de competir por la máxima posición política en el campus no tenía sentido.

Hay que recordar que esta universidad se basa en el liderazgo. Comenzó con Benjamin E. Mays, el fallecido educador, intelectual y presidente de Morehouse por largo tiempo. Hijo de exesclavos, Mays y su extraordinaria historia influyeron en

algunos de los máximos líderes del movimiento por los derechos civiles de nuestro tiempo, entre ellos Julian Bond, Andrew Young y especialmente Martin Luther King Jr., quien
tenía sólo quince años cuando entró en Morehouse. Su padre
y su abuelo habían asistido a la misma universidad.

Sobre su experiencia en el campus, el Dr. King dijo:
«Mis días en la universidad fueron muy excitantes. En
Morehouse, había una atmósfera de libertad y fue allí que
tuve mi primera discusión sincera sobre la cuestión racial.
Los profesores no estaban atrapados en las garras de los
fondos estatales, y podían enseñar lo que quisieran con total libertad académica. Nos alentaban a investigar todas
las posibles soluciones a los males raciales. Comprendí que
allí nadie tenía miedo. Gente importante venía a discutir el
problema racial con nosotros».

En esa época, el Dr. King decidió convertirse en abogado
en lugar de ministro, rebelándose «contra la emotividad de
gran parte de las religiones negras. Los gritos y los zapa-
teos. No lo entendía y me avergonzaba». Se cuestionaba si
la religión podía ser emocionalmente satisfactoria como res-
petable intelectualmente. Pero dos personas de Morehouse
lo inspiraron a darle una oportunidad al ministerio. Según
escribió, los doctores Mays y George Kelsey, un profesor de
Filosofía y Religión, «me hicieron pararme a pensar. Ambos
eran ministros, ambos eran profundamente religiosos, y sin
embargo ambos eran hombres cultos, al tanto de las tendencias del pensamiento moderno. Pude ver en sus vidas el ideal
de lo que yo quería que fuera un ministro».

Yo también intenté sentar las bases de mi futuro como líder en Morehouse. «Liderazgo» es un término interesante, porque no tiene una definición clara, pero la gente siempre define a un líder como alguien que tiene seguidores o alguien que exuda carisma. Yo disiento con ambas de todo corazón. Para mí, un buen líder es alguien que genera otros líderes. No tiene sentido tener seguidores que no sean también líderes. En cambio, si hago mi trabajo correctamente, otros líderes se unirán a mí, me escucharán y luego liderarán a otros. Eso es lo que aprendí en Morehouse.

Martin Luther King Jr. se convirtió en ministro en su último año en Morehouse. Mi «tío» Julian Bond, otra leyenda viviente, también asistió a Morehouse y recordaba a King y a Mays de cuando era estudiante. Describía a este último como el hombre de Morehouse por antonomasia: «Mantenía un estándar de lo que un hombre de Morehouse debía ser, y ansiábamos estar a la altura».

Orfebre de la palabra, orador brillante que hablaba en la capilla cada martes, Mays fue el «padre» y modelo intelectual de King. Sería también, tristemente, quien pronunciaría la elegía por éste en el campus. El tío Julian recordaba a menudo que fue uno de los ocho estudiantes que tomaron la única clase que King enseñó en Morehouse. Le encantaba decir: «Soy una de las ocho personas del universo que pueden realmente decir "Fui discípulo de Martin Luther King"». También recordaba a menudo cómo lo veía en las tiendas y bancos de Atlanta, y luego, por supuesto, en Selma y en la Marcha en Washington.

Pocas personas saben que el actor Samuel L. Jackson, estudiante de segundo año en Morehouse en 1968, fue uno de los acomodadores en el funeral de King. La muerte de éste lo conmocionó y lo llevó al activismo. Fue expulsado de Morehouse un año más tarde después de que él y otros activistas encerraran a los miembros del consejo de administración de la escuela en un edificio durante dos días. Uno de los encerrados era el padre de King.

Para un joven negro que ansiaba ser un futuro líder, estudiar en Morehouse era el equivalente a ser un joven político en Boston o Filadelfia poco después de que se firmara la Declaración de Independencia. Había hombres que venían a Morehouse porque querían seguir los pasos de esos grandes líderes negros. Otros llegaban a la universidad con la intención de convertirse en presidentes del SGA. Así de prestigioso es el cargo en una escuela famosa por haber criado a algunos de los mayores pioneros en la historia de los Estados Unidos. Pero eso no me interesaba. Yo sólo pensaba que Morehouse podía hacer algunas cosas chéveres por más gente, tanto dentro como fuera del campus.

Jarrod siempre dijo que la gente subestimaba mis chances de ganar la presidencia de la SGA. «Había un montón de tipos de Morehouse que sentían que tenían derecho a ser presidentes de la SGA porque habían sido consejeros estudiantiles», dice. «O porque habían sido secretarios en la administración anterior. Pero a éste, a Bakari, claramente le importaba un comino todo eso. Para los estudiantes era muy evidente que el mundo de Bakari no se reducía a la SGA.

Siempre tuvo llegada a una base muy amplia en Morehouse».

Muchos compañeros talentosos participaron de las elecciones a la SGA, entre ellos Lee Merritt, ahora un prominente abogado por los derechos civiles que ha representado a las mujeres que acusaron al rapero R. Kelly de abuso sexual y ha luchado contra el abuso policial y la supremacía blanca. También competía contra Clark Jones, un comediante muy conocido. Pese a todos esos talentosos oponentes, yo creía que podía ganar. A lo largo de la campaña, sabía que tocar a todas las puertas y construir una gran red de apoyo era la fórmula ganadora.

Gané la elección, pero fue apenas la primera ronda de una competencia larga e infernal. Tuvimos que ir a una segunda votación porque no había conseguido el cincuenta por ciento de los votos. Gané también la segunda ronda, tras lo cual fui convocado a la oficina del decano. La madre de uno de mis rivales, a quien no nombraré, llamó al entonces vicepresidente de Asuntos Estudiantiles, el decano Bryce, y le dijo que el proceso de votación había empezado treinta minutos tarde. Argumentó que implicaba una «desventaja equivalente» para su hijo, algo que jamás había oído en mi vida. El decano Bryce me dijo que la escuela me quitaba la victoria: la elección tenía que realizarse otra vez.

Salí furioso de su oficina y llamé a mi papá. Él sabía cuán duro había trabajado en la elección. Habíamos tocado a las puertas de los dormitorios. Habíamos conseguido el apoyo de todos los jugadores de básquet que pudimos reunir y el de todos mis amigos de las fraternidades. Jarrod, Brian, Jason,

Rob, Brandon y Anthony me ayudaron a unir al resto del cuerpo estudiantil.

Nos recuerdo marchando juntos, de a veinte, a una reunión en un dormitorio de primer año llamado el Living Learning Center. «Todos apoyamos a Bakari Sellers. ¡Necesitamos que voten por él mañana!». Éramos como una muchedumbre, haciendo *lobby* de un edificio a otro, tratando de conectarnos con todas las personas que conocíamos. Queríamos inspirar entusiasmo y energía, pero también hacerles saber: aquí es donde quieres estar y ésta es la gente con la que tienes que andar.

Habíamos logrado despertar esa energía, pero cuando el decano Bryce anuló mi victoria, me puse triste. Mi papá sugirió que llamara a Julian Bond, por entonces miembro del consejo de Morehouse. Pensé que teníamos algunas cosas en común. El padre de Julian era un muy respetado educador y presidente universitario. Ambos nos criamos con leyendas. Había fotos de mi infancia en las que estoy en brazos de famosos pioneros estadounidenses y hay otras, extraordinarias, de Julian Bond en brazos de los fabulosos Paul Robeson y W. E. B. Du Bois. Y si alguien sabía sobre reveses políticos era el tío Julian.

Así que lo llamé, caminando de un lado a otro y llorando, y le conté lo que había pasado. Me reconfortó con voz suave: «Todo se va a resolver». Cuando fue elegido para la Cámara de Representantes de Georgia, en 1965, a los veintiséis años, sus colegas se rehusaron a aceptarlo porque no se disculpaba por las expresiones contra la Guerra de Vietnam de algunos de sus compañeros del SNCC. En respuesta, Martin Luther King Jr. criticó públicamente a los miembros de la Cámara y lideró una protesta en su contra.

La Corte Suprema de Justicia de los Estados Unidos se puso de su lado y el tío Julian llegó a completar cuatro períodos en la Cámara y diez años más en el Senado. También se convirtió en director de la NAACP y fundador del Southern Poverty Law Center. Pero en 1985, perdió la elección para congresista nacional en el Quinto Distrito de Atlanta, una banca que había ayudado a crear. Aún peor, la perdió a manos de su amigo y camarada de la lucha por los derechos civiles, John Lewis, legislador de la ciudad en ese tiempo. La competencia los convirtió en enemigos, con Lewis exigiendo que el tío Julian se hiciera un test antidrogas, que éste rehusó porque lo consideraba una invasión de su privacidad. Si Lewis hubiera realizado su campaña de forma más recta, creo que el vencedor habría sido Julian Bond.

De regreso en mi apartamento, un amigo llamado Lodriguez Murray, que ahora trabaja para el United Negro College Fund, me vio caminando de un lado a otro y, después de que colgué con el tío Julian, me llevó aparte y me dijo: «Vas a tener que ganarles de nuevo».

La elección fue fijada para una semana después. Gané la general otra vez, que dio lugar una segunda vuelta, que también gané, aunque tuve que convencer a todos los que habían votado por mí ¡de que me votaran por cuarta vez! Esa lucha me enseñó mucho y me preparó para el futuro. Aprendí muy temprano que no hay amigos ni enemigos permanentes, sólo

intereses permanentes. También aprendí a seguir macha-
cando. Mis padres me enseñaron que tenía que correr más
rápido, saltar más alto y trabajar más duro, y así lo hice.

Años después, Jarrod reflexionó sobre por qué seguí hasta
ganar el cargo en la SGA a pesar de todos los reveses. «Tu
equipo de campaña eran tus amigos, éramos nosotros», dijo.
«Y gracias a tu personalidad, conocías a gente de todo tipo y
creo que en última instancia es por eso que la gente se sentía
atraída hacia ti. Creo que fue tu primera incursión real en la
política electoral».

Ese verano, después de ganar, logramos varias cosas importantes tanto dentro como fuera del campus. Fuera, rea-
lizamos tests de HIV y SIDA en Atlanta, donde las tasas de
HIV eran extremadamente altas. En el campus, dediqué mi
atención a las mujeres que trabajaban en la cafetería. Durante mis últimos dos años, no disfrutaba del servicio de
comidas porque no podía pagarlo. La única razón por la que
comía algo era porque las señoras de la cafetería me daban
comida gratis. Cuando descubrimos que cobraban el sala-
rio mínimo, luchamos diligente y exitosamente contra la
administración para conseguirles aumentos. Les debía eso.
También promovimos un concierto de *homecoming* con el
rapero Lil Wayne.

Durante mi último año, compartí de nuevo dormitorio
con Jarrod, que ahora era el presidente de la fraternidad Alpha Phi Alpha, lo que lo colocaba en lo más alto de la escala
social de la escuela. Y, por supuesto, yo era el presidente de
la SGA. eran dos de los roles más prestigiosos en el campus

y estaban en manos de dos chicos del campo. Jarrod estaba encaminado hacia un posgrado en New York University (NYU), y luego la Kennedy School en Harvard, y yo decidí ir a la escuela de Derecho. Sabía que para entrar necesitaba al menos tres de cuatro cosas: (1) un promedio alto, del que carecía; (2) un gran *currículum*; (3) una gran historia (para el ensayo personal); y (4) excelentes cartas de recomendación. Me postulé para la Escuela de Derecho de la University of South Carolina y fui aceptado, pero también tenía otro objetivo que atender.

· ·

Después de que me gradué en Morehouse, en mayo de 2005, a los veinte años, regresé a casa a vivir con mis padres durante ese verano y a prepararme para la escuela de Derecho, que empezaría en agosto. Pero, claro, yo tenía un plan maestro en mente, uno que había comenzado a bosquejar ese verano en la oficina de Clyburn con Jarrod. Así que, en junio de 2005, tomé la decisión de competir en la siguiente elección interna del Partido Demócrata contra Thomas Rhoad por la candidatura a la Cámara de Representantes de Carolina del Sur, y era hora de contárselo a mis padres. Bajé la escalera, muy confiado en lo que iba a decir.

En nuestra cocina hay una isla para cocinar a la derecha y un mueble con fregadero a la izquierda. Me paré entre ambos. En uno de los raros días en que cocinaba, mi mamá estaba preparando unos espaguetis y mi papá leía los diarios. Siendo un *millennial*, no podía y todavía no puedo comprender por qué la gente mayor lee el diario al final del día. De todos modos, necesitaba que me prestaran atención.

—Mamá, papá, voy a postularme contra Thomas Rhoad por una banca en la Cámara de Representantes de Carolina del Sur —dije.

Mi madre se volvió hacia mí sin hesitación alguna y dijo:

—Votaré por ti.

Mi papá, con una risita, bajó el periódico y dijo:

—Yo me lo voy a pensar.

V

Cómo se hace un político, segunda parte

En 2005, Thomas Rhoad era un baluarte del Partido Demócrata que, a los ochenta y dos años, llevaba veinticuatro en la legislatura, más de los que yo tenía de vida. Nacido en el condado de Bamberg en 1923, era un veterano de la Segunda Guerra Mundial, un granjero, había sido consejero municipal y cartero. No había persona que no lo conociera.

Sin embargo, algunas cosas me sugirieron que Rhoad era vulnerable políticamente. Era un hombre blanco mayor en un distrito mayoritariamente afroamericano. Mucha gente estaba esperando que se retirara, una espera que me recordó cuánta gente se quedó esperando durante demasiado tiempo a que Strom Thurmond dejara la banca de Carolina del Sur en el Senado nacional.

Mi familia había formado parte de la comunidad durante setenta y cinco años, pero algo más importante consolidó la idea de que debía postularme. El distrito es atravesado por el «Corredor de la Vergüenza», una zona alrededor de la I-95 donde las escuelas no sólo tienen malos resultados, sino que están empobrecidas y en ruinas. Pensé en mi amigo Pop y en toda la gente con la que jugué a la pelota y con la que crecí y compartí gimnasio en Dinamarca, que todavía estaba allí, haciendo lo mismo, y no porque no quisiera algo diferente sino porque no tenía la chance. Descubrí que tenía la increíble oportunidad de crear posibilidades.

Lo primero que hice fue comprarme un cuaderno en un CVS y escribir los nombres de la gente con la que me tenía que reunir. Uno de los primeros fue el exgobernador de Carolina del Sur, Dick Riley. Al entrar en su bufete, vi que no había nada sobre su escritorio, lo que me hizo preguntarme qué tanto hacía como abogado. Oriundo de Greenville, que es parte del Upstate o Upcountry, como se lo llama, Riley era una leyenda en Carolina del Sur. El presidente Bill Clinton había tratado de nominarlo para la Corte Suprema en 1993, pero Riley se negó, y en su lugar fue Ruth Bader Ginsburg. Ese mismo año, en cambio, se convirtió en secretario de Educación de Clinton.

Conocía a Riley desde mi infancia. De hecho, a la mayoría de la gente a la que fui a ver, ya la conocía por intermedio de mi padre y por asistir a todas esas conmemoraciones de la Masacre de Orangeburg. Los llamaba por teléfono y decía: «Ey, es el Pequeño Cleve» o «Es el pequeño C.L.».

Riley hablaba por teléfono cuando entré, así que me senté y esperé. Enseguida advertí que estaba hablando con Marian Wright Edelman, la famosa activista por los derechos de los niños.

—Marian, te llamo —le dijo—. Bakari Sellers está aquí para charlar un rato.

Cuando colgó, le pregunté:

—¿Era Marian Wright Edelman?

—Sí, era ella —me respondió. No me lo podía crear.

Lo que me gusta de Dick Riley es que cree en la nueva generación. Amaba a mi padre y me veía como su versión joven. Me puso un objetivo claro: «Enorgullece a tu padre y a su estado». Su consejo era simple y tranquilizador, tan simple que pude respirar y seguir adelante.

Mi madre usó sus conexiones para conseguirme una reunión con una gran compañía publicitaria de Columbia llamada Chernoff Newman. Me reuní con Rick Silver, uno de los socios, quien me habló sobre *marketing* y mi plataforma política. Le dije que mi propuesta principal sería eliminar las banderas de la Confederación. No se opuso, pero señaló otras posibles propuestas. Por ejemplo, Carolina del Sur todavía tenía problemas extremadamente preocupantes, como la pobreza y la salud, que nos afectaban a todos directamente. En esas reuniones, desarrollé un plan de campaña que ponía el énfasis en una educación de calidad para los niños junto con asistencia médica de primera para sus abuelos, sin importar si uno era blanco o negro.

A medida que tachaba nombres en mi cuaderno, sabía que

tenía un calendario estricto por cumplir. No iba a proclamar públicamente mi candidatura hasta el 18 de septiembre de 2005, porque ése era el día en que cumplía los veintiún años, y no podía presentarme hasta convertirme legalmente en adulto.

También aprendí que no todo el mundo iba a compartir mi sueño. Una de las primeras personas con las que me reuní antes de lanzar mi candidatura fue Darrell Jackson, un gran amigo de la familia, pastor de una megaiglesia y político de Carolina del Sur. Mi padre había ayudado a Darrel a empezar contratándolo como asistente en las campañas presidenciales de Jesse Jackson en 1984 y 1988, pero Darrell me rompió el corazón. Pensé que me iba a apoyar efusivamente, que me respaldaría. Creo que mi familia también lo pensó. Cuando le conté mi plan, me advirtió que no lo hiciera. «Deberías postularte para el consejo de estudiantes o algo por el estilo», me dijo. «Hazte conocer primero».

En mi mente joven de ese entonces, pensaba que Darrell estaba echando un balde de agua fría sobre mis sueños. ¿Fue tan devastador, acaso una falta de respeto? Para nada. Pienso que su consejo era probablemente sensato en la mayoría de las circunstancias. Pero yo no creía que mi primera campaña para la legislatura, la candidatura que haría historia, fuera «la mayoría de las circunstancias».

Yo diría que la mayoría de los *millennials* nos sentimos perversamente validados al demostrar cuán errados están los demás. Así que, aunque estaba decepcionado porque Darrell no había dicho lo que yo quería oír, me motivó. Yo quería que me apoyaran, pero algunos de sus comentarios me hicieron comprender que mi juventud iba a ser un problema.

Sin faltarle el respeto al senador Darrell Jackson, quien continúa hasta hoy siendo un amigo y mentor, no iba a esperar mi turno. Creo que comprendió más tarde que no había sido la conversación típica con el candidato típico, porque yo era el hijo de Cleve Sellers, es decir, iba a buscar el cambio radical, sin importar lo que dijeran.

Una de las más agradables e interesantes reuniones que tuve antes de lanzarme fue con el senador del estado John Matthews, quien no sólo era un demócrata negro de mi distrito, sino también muy partidario de mi oponente, Rhoad. Y no era casualidad que Matthews eligiera la Waffle House para hablar sobre política.

En Carolina del Sur, uno va a la Waffle House a lanzar una carrera política o a comer algo después de salir del bar de *strippers* —y a todo lo que media entre ambas cosas—. Las Waffle Houses son algo más que una tradición sureña: forman parte de su esencia. Siempre están abiertas, nunca te abandonan. Mi comida favorita son las chuletas de cerdo a la parrilla con croquetas de patatas remojadas en cebollas. En el Sur, la Waffle House es, además, un barómetro del clima. Los avisos de huracanes no son nada nuevo en mi estado, pero si la Waffle House cierra sus puertas, ¡más vale evacuar cuanto antes!

Con todo, admito que dudé a la hora de encontrarme con el senador Matthews allí, porque también es cierto que uno termina oliendo a Waffle House cuando se marcha.

No puedo recordar si pedí algo, pero él ordenó un sándwich de huevo en pan blanco y una taza de café. La conversación fue rápida. Yo admiraba a Matthews. Quería que
supiera que me iba a postular, aunque el propósito de la
charla no era necesariamente conseguir su apoyo. Me quería
asegurar, en cambio, de mostrarme suficientemente humilde
como para mantenerlo fuera de la competencia; en otras palabras, que se abstuviera de apoyar abiertamente a mi rival.

—Tengo un gran respeto, y sé que también usted tiene un
gran respeto, por el representante Rhoad —le dije.

Uno siempre quiere asegurarse de mostrar respeto por el
rival, porque nunca se sabe en política cuánto puede haber
ayudado tu rival a la persona que está al otro lado de la mesa
a lo largo de veinte años. Pedí consejo a Matthews, lo que no
le exigía hacer gran cosa. Quería que me aconsejara, pero,
sobre todo, que no se metiera en la campaña. Así que se lo
dije directamente:

—¿Puede hacerme el favor de no involucrarse? Sé que no
puede apoyarme, pero no me perjudique. Si pudiera hacerme
el favor de mantenerse al margen, lo apreciaría mucho.

Matthews tomó un sorbo de café. Luego dijo:

—Por supuesto que puedo.

Estoy casi seguro de que Mattheus, como cualquier
político astuto, le dijo a Rhoad que lo apoyaría y hasta quizás
hizo algo por él. Pero no fue tan perjudicial para mí como
podría haberlo sido sin esa conversación en la Waffle House.

· ·

Comencé la escuela de Derecho en agosto. Mientras tanto, Jarrod llamaba a todos nuestros compañeros de Morehouse y Spelman y recaudaba dinero. Me enviaban de diez a veinte dólares a través de sitios webs de recaudación de fondos. El modo de reunir dinero en política es mucho más simple de lo que uno puede imaginar. La gente siempre me dice: «Pero yo no conozco ningún grupo de interés». Bueno, yo tampoco los conocía. Y si los conocía, era porque estaban apoyando a mi rival. También oí mucho: «Ninguno de mis amigos tiene dinero». Bueno, tampoco mis amigos tenían dinero.

Empecé mi campaña con el único dinero que logré gorronear, comenzando con un cheque por mil dólares firmado por mi madre. Mi campaña gastó ese dinero en el primer mes. Mi mamá y mi papá tenían listas de contactos garabateadas para graduaciones, funerales y bodas. Comencé a enviar cartas a todos los que figuraban en ellas, usando mi encabezado y estampillas y sobres que compré. Contacté a cada una de las personas de mi familia y de una lista que hice, quizás unas doscientas, personas que habían sido invitadas a mi graduación y otros eventos similares. Escribí, simplemente: «Soy candidato político y necesito su ayuda».

Mis padres me educaron para entender el valor de un dólar. Por ejemplo, apreciaba especialmente y daba gran valor a, digamos, un cheque de veinticinco dólares firmado por una señora mayor de la iglesia. Sabía que su dinero tenía mucho valor porque, una vez que firmaba el cheque, cuyos fondos provenían probablemente de su cuenta de retiro, adquiría un especial interés en mi triunfo. Iba a llamar a sus amigas y a pararse en la iglesia y recordar a todo el mundo que votaran por mí. Así fue como recaudé dinero: de gente que donaba pequeñas cantidades, pero que invirtió de lleno en mi campaña.

Las elecciones estaban programadas para el 13 de junio de 2006, por lo que tenía nueve meses para hacer campaña. Creí que nos daba tiempo suficiente. Siempre me refiero, en lo que concierne a las campañas, a «nosotros», aunque fuera yo quien tocara a las puertas. Cuando alguien preguntaba si estaba considerando competir para un cargo, siempre decía: «Sí, lo estamos considerando». La razón es, simplemente, que las campañas involucran mucho más que al candidato.

Llamé a Thomas Rhoad antes de lanzarme. Sentí que era lo apropiado, pero él jamás me respondió. De hecho, jamás hablé con él a lo largo de toda la campaña, hasta dos días después de ganar. Competí contra un rival al que siempre traté con respeto, pero no sé si el respeto era mutuo.

Anton Gunn, un joven afroamericano que también competía por un cargo en 2006, estaba en la lista de gente con la que debía hablar —y, luego sería importante para la candidatura del presidente Obama en 2008—. Anton almorzó conmigo en Harpers, en Columbia. Exatacante estrella de la University of South Carolina, mide 1,95 metros y pesa unos 136 kilos. Mi padre, que fue profesor allí durante casi dos décadas, había sido su consejero. De modo suave e inteligencia aguda como un látigo, Anton destruye todos los estereotipos que uno pueda tener sobre un atleta imponente.

Él, a su vez, me presentó a Kendall Corley, un brillante

consultor político. Contraté a Kendall y probablemente le pagué apenas unos cientos de dólares al mes. Hoy en día es un consultor fuera de serie, pero cuando lo conocí no tenía ninguna elección en su haber. Sin embargo, sabía «leer mapas». Era brillante en ello, como un científico loco que pudiera deducir, en base a estadísticas y al estudio de los mapas, a qué puertas debía tocar.

Finalmente, el 18 de septiembre de 2005, en mi cumpleaños número veintiuno, con mi sobrina en brazos afuera del viejo depósito ferroviario de Dinamarca, anuncié mi candidatura. Había un solo periodista presente, junto con familias y gente de nuestra iglesia, la Iglesia Episcopal St. Philip's. No sé si creían que yo podía ganar, pero sabía que creían en mí. A partir de ese día, comencé a tocar puertas.

Los viernes, sábados y domingos tocaba a unas cuatrocientas puertas; los días restantes, a sólo cien. La mayoría de las veces estaba solo, pero ocasionalmente había voluntarios conmigo. Kendall se aseguraba de que llegáramos a las zonas correctas.

Supe que estábamos ganando fuerza cuando reunimos voluntarios para volver a tocar a las mismas puertas. Un hombre de Noruega la abrió después de varios intentos. «Voy a votar por él» dijo, «pero si vuelven a tocar, ¡voto por el otro!».

A menudo iba a tocar puertas después de una clase de Derecho. Tomaba un mapa, me ponía un par de pantalones de vestir y una camiseta de campaña, y a caminar y tocar. No importaba que hubiera una bandera de la Confederación en el patio: aun así, tocaba a la puerta. Si la casa tenía un pitbull al frente, daba la vuelta y entraba en puntillas para tocar a la puerta trasera. Conocí madres que me dieron limonada y galletitas y me presentaron a sus hijas. Y a gente que me decía: «Vete al infierno, jamás votaré por un demócrata en mi vida».

Tocar puertas es tedioso, pero un ejercicio político necesario, uno que los nuevos políticos a menudo no practican. No hacerlo, sin embargo, es la forma más rápida de ser derrotado. La gente cree que todo lo que hace falta es reunir dinero y pagar anuncios en la televisión, pero de donde soy, la política de puerta a puerta, al viejo estilo Jimmy Carter, aún es importante.

Cuando tocas a una puerta, sientes una descarga de adrenalina. Jamás se sabe qué hay del otro lado, cómo vas a ser recibido. Todo aquello con lo que cuentas es un saludo formulista y literatura de campaña que hay que asegurarse de dejar en la casa. Pero puedes ver y conocer a alguien en su elemento. Cuando la gente viene a la puerta, pueden estar sin camisa, en calzoncillos y medias. O pueden estar preparándose para el día siguiente, o yéndose a la cama. La clave es que vas a su encuentro allí donde están.

Al final del día, estaba siempre cansado porque había caminado kilómetros. Los zapatos negros que usaba para ir a la iglesia tenían agujeros tan grandes que podía meter dos dedos a través de la suela y tocar la planta de mi pie.

La mayoría de la gente era cordial. Ni siquiera los racistas acérrimos te dicen en la cara lo que sienten. Recibía llamados en casa en que espetaban: «Díganle a ese negro que abandone», pero nadie me lo dijo personalmente. El día de la elección, en el precinto del este de Dinamarca, un hombre trató de intimidar a los votantes. Bajó de su camioneta con una escopeta, pero luego volvió a subirse. Quería ganar la elección, así que no podía permitir que cosas así me detuvieran.

Pasé seis meses tocando a puertas y visitando iglesias afroamericanas, una diferente cada domingo. Mi objetivo era llegar a todo el mundo tres veces: tocando a su puerta, enviándoles cartas y hablándoles por teléfono. El correo y el teléfono cuestan dinero, pero tocar sólo cuesta tiempo. Así que eso fue lo que hice a través de todo el distrito, que incluía el condado de Bamberg, Springfield, Noruega y el lado sur de Orangeburg.

Luego había una sección realmente pequeña de Barnwell, que no creo que tuviera ni diez votantes negros: se llamaba Hilda. Alguien me dijo: «Tienes que ir a Hilda, y tienes que ir a esta tienda de campo y conocer a la gente y estrechar manos allí». Así que mi único evento de campaña en Hilda fue visitar esa tienda, estrechar manos, decirle a la gente que estaba postulándome y comerme el sándwich de mayonesa de treinta y cinco centavos que me ofrecieron los amables propietarios. Tengo una muy mala reacción a la mayonesa: no es alergia, pero la odio. Le di un mordisco al sándwich y lo bajé con té dulce. Eso también es hacer política.

Un amigo de Morehouse se mudó a Columbia e hizo campaña conmigo cada día. Aunque Jarrod estaba estudiando en NYU, se la pasaba armando la estrategia, asegurándose de que estábamos haciendo bien las cosas. Kendall me dirigió a las puertas a las que debía tocar. Pero, por supuesto, no todo el mundo ayudaba. La legisladora Gilda Cobb-Hunter era gran amiga de Thomas Rhoad, así que hizo una especial campaña por él en iglesias de mi distrito. Yo tenía mi letrero de Bakari Sellers en el patio delantero de mi casa, pero la gente de Rhoad plantaba sus propios letreros a cada lado de los míos, ¡incluso en mi propio patio! Cobb-Hunter quería hacerme quedar mal, pero así es la política. Ella es una legisladora increíblemente eficaz, cuya simpatía me esforcé luego por ganar; de hecho, diseñé mi carrera política imitando la suya.

Gané sólo ocho de los treinta precintos en junio de 2006, pero eran grandes, y muchos de ellos los habíamos elegido con Jarrod cuando apenas tenía diecisiete años. Como habíamos estimado, me dieron la ventaja necesaria para ganar. A la edad de veintiún años, gané mi primera elección y, aunque todavía estaba inscripto en la escuela de Derecho (ahora con veintidós), ocupé mi banca como el miembro más joven de la Cámara de Representantes de Carolina del Sur. Mi madre sostuvo la Biblia sobre la que juré.

Entraba cada día en el que sabía era uno de los edificios parlamentarios más hermosos del país. Hay veintidós monumentos en toda el área, que se halla en el centro de Columbia. Uno conmemora a Strom Thurmond, el difunto segregacionista, que era tanto amado como despreciado en el estado. Su monumento fue alterado en 2004 para incluir el nombre de Essie Mae Washington-Williams, una maestra jubilada afroamericana y la hija mayor de Thurmond, a quien tuvo con una mucama que trabajaba para su familia.

Veintidós enormes columnas flanquean la entrada, talladas de una sola pieza de granito. En los muros exteriores, seis estrellas de bronce cubren los agujeros producidos por las balas de cañón disparadas por el general William T. Sherman y sus tropas de la Unión en 1865, el año en que la esclavitud fue abolida.

Sobre el edificio se alza una hermosa cúpula cubierta por cuarenta y cuatro mil libras de cobre. La bandera de la Confederación flamea sobre la cúpula desde 1961 para marcar el centésimo aniversario del comienzo de la Guerra Civil, y también como un desdén al movimiento por los derechos civiles. Los legisladores llegaron a un acuerdo en 2000 para mudar la bandera a un mástil de treinta pies junto a un monumento confederado al frente de la Legislatura.

En el fondo, siempre creí que un acuerdo para mudar la bandera de lo alto de la cúpula al frente del edificio no era un buen acuerdo. Jamás pensé que se pudiera arriar la bandera, pero estaba decidido desde el principio a intentarlo con todo.

Durante mis primeros meses en el cargo, recibí una llamada de Anton Gunn, por entonces el único miembro de la campaña electoral de Barack Obama en Carolina del Sur. Después de haberse quedado corto en su propia elección a la Legislatura, Anton hizo algo que contribuiría a cambiar la historia electoral del estado. Consiguió el trabajo de manejar la campaña de Obama mediante el expediente de sentarse en su oficina y convencerlo de lo impensable: que podía ayudarlo a ganar las primarias de Carolina del Sur.

No sería fácil. Hillary y Bill Clinton tenían un gran prestigio entre los funcionarios afroamericanos que se remontaba a los noventa. Darrell Jackson, por ejemplo, había manejado la campaña presidencial de Bill Clinton en Carolina del Sur más de veinte años antes. Pero los jóvenes afroamericanos no tenían esos lazos con los Clinton. En todo caso, yo no los tenía.

Por teléfono, Anton fue derecho al grano.

—Necesitamos que respaldes a Barack Obama para candidato a presidente.

—*Man*, no sé —dije.

En esa época, estaba entre Obama y el senador de Carolina del Norte, John Edwards, pero me inclinaba muy fuertemente hacia Edwards.

—Nadie habla sobre la pobreza como Edwards, y es de por aquí —argumenté—. Es apuesto y su centro de campaña va a estar en el Distrito 9 —que era y sigue siendo el epítome de la Nueva Orleáns negra.

Edwards había construido su plataforma política en torno de los que tenían y los que no. A diferencia de la mayoría, que hablaba sólo sobre el país rural blanco, Edwards incluía a los pobres afroamericanos de mi comunidad, como aquellos que tenían que viajar en autobús durante horas cada día para trabajar en empleos no cualificados. Me causaba muy buena impresión, aunque también sentía que algo no encajaba. Pero, como todos, estaba fascinado y no podía ver más allá de la superficie. (Edwards fue acusado en 2011 de malversar fondos de campaña para encubrir un romance extramarital).

Algo que Anton dijo durante la llamada evitó que tomara una mala decisión:

—Nunca vas a tener que explicar por qué respaldaste a Barack Obama.

Todavía no estaba listo para hacerlo, pero ese comentario me hizo ver que mis electores podrían entender por qué lo haría alguien como yo, un funcionario electo, un hombre negro.

VI

Soñar con los ojos abiertos
Cómo convertirse en líder

Me dirigía a mi clase de Derecho Constitucional, en abril de 2007, cuando recibí una llamada de Barack Obama.

Esa mañana apareció un número privado en la pantalla de mi celular. Me aterran los números privados porque sólo pueden pertenecer a una de dos personas: alguien muy importante, o alguien que trabaja para la compañía de préstamos estudiantiles que intenta cobrar su dinero. Resultó ser lo primero.

—¿Tiene un momento para hablar con el senador Obama? —me preguntaron.

Estaba estupefacto, aunque quizás no debería haberlo estado.

—Sí —respondí.

Quitarle a Thomas Rhoad la banca que había ocupado durante casi un cuarto de siglo me había convertido, ciertamente, en una sorpresa y en alguien que había dado un vuelco político inesperado en mi estado, pero estaba atrayendo la atención de gente de fuera de Dinamarca y de más allá de Carolina del Sur. Con las primarias para la candidatura presidencial demócrata cada vez más próximas, y siendo mi estado el primero en votar, los candidatos comenzaron a cortejarme para obtener mi apoyo. Hillary Clinton y Joe Biden ya me habían llamado. Todo esto ocurría durante mi primer año en la escuela de Derecho de la University of South Carolina.

No había tomado la decisión de respaldar oficialmente a Obama hasta que me llamó esa mañana mientras salía de mi oficina en la Legislatura. Con mi bolso de libros a la rastra, inicié mi usual caminata de dos cuadras hasta la clase, que incluía pasar una cafetería a mi derecha y el restaurante asiático Miyo a mi izquierda. Una vez a la semana me detenía en Sandy's para comer un *slaw-dog* con chili. Luego me dirigía a la clase y regresaba a la Legislatura temprano en la tarde.

Obama me preguntó cómo estaba y adónde iba. Le conté que estaba de camino a mi clase de Derecho Constitucional. Me habría gustado haber dicho algo más ingenioso, pero se me congelaron las ideas. Mi profesora de Derecho Constitucional era una gran académica, una distinguida demócrata, una liberal genuina, pero en ese momento no lograba recordar nada de lo que me había enseñado.

Experto en Derecho Constitucional, Obama comenzó a ametrallarme a preguntas, cuyas respuestas yo ignoraba. Quería saber por qué parte íbamos y qué casos estábamos estudiando. Finalmente, dijo:

—Ahora quiero pedirte que me apoyes para presidente de los Estados Unidos.

—Senador —dije—, lo haré con dos condiciones: la primera, que mi mamá tenga la oportunidad de ser voluntaria en su campaña. Y la segunda, que visite mi distrito.

—No tengo objeción a ninguna de las dos —respondió.

Mi mamá ya no trabajaba como profesora en la South Carolina State, y pensé que la campaña la sacaría de la casa. Ciertamente se convirtió en una voluntaria leal, pero quedaba el misterio de si Obama cumpliría su palabra. ¿Realmente vendría al condado de Bamberg? Tendría que esperar.

Mientras tanto, me estaba aclimatando en mi puesto legislativo. Al subir los cincuenta y dos escalones del Capitolio en esos primeros días y meses, mi ego de veintidós años a menudo se daba manija: *¡Voy a armar un revuelo en la Legislatura! ¡Este* millennial *va a entrar y hacer temblar los cimientos del racismo y el prejuicio y el clasismo y la desigualdad!*

En mi corazón, iba a irrumpir y arreglarlo todo. Por supuesto, no era necesariamente el caso. De hecho, enseguida comprendí que mi trabajo era, en realidad, una auténtica locura: ir a trabajar cada día para cambiar todo sin que nada cambie realmente.

En una fotografía que me tomaron el primer día de sesiones, estoy mirando el cielorraso. La fotografía se publicó en el *Los Angeles Times*, en un artículo que describió mi elección como histórica. Cuando la tomaron, pensaba: *¡No puedo creer que estoy aquí!* Pero para enero, miraba a otros miembros de la asamblea y pensaba: *No puedo creer que* ustedes *estén aquí.*

Me chocaba que algunos de ellos hubieran permanecido en cargos durante años y años sin vocación de servicio. Algunos estaban más interesados en las recepciones cotidianas que en gobernar. Había recepciones cada noche, cada almuerzo, cada desayuno. Había montones de comida y bebida. Las recepciones permitían a ciudadanos de distintos grupos (por ejemplo, los seguros, el Farm Bureau, las asociaciones para no videntes o la Asociación de Padres y Maestros) pasar tiempo con sus representantes y a nosotros pasar tiempo con nuestros electores.

Sentía que encajaba en las cámaras parlamentarias. Sin importar cuánto tiempo mis pares hubieran estado allí, qué tan mayores fueran, sabía que todos representábamos al pueblo. Mis electores me habían enviado a la Legislatura, así como ellos habían sido enviados por los suyos. Pero ser un joven demócrata negro en un estado profundamente republicano lo tornaba difícil.

Con todo, estar en la Asamblea General era asombroso. Al repasar mis ocho años como parlamentario, comprendí que tuve la suerte de hallarme entre tantas superestrellas. Dado que estaba en Carolina del Sur, en su mayoría eran estrellas republicanas, pero seguían siendo estrellas. Por ejemplo, Jeff Duncan, actual congresista nacional, y Nikki Haley, quien se convertiría en gobernadora de Carolina del Sur y luego en embajadora ante las Naciones Unidas. Serví junto a Tim Scott, uno de los pocos senadores negros del país, y a Mick Mulvaney, más tarde congresista nacional que también formó parte del gabinete del presidente Donald Trump. Mick era parte de mi camada de recién electos.

Al ser tan joven, sentía mucha presión. Sabía que todo lo que dijera sería examinado; sabía que todo el mundo se preguntaba: ¿Quién es este jovencito de Dinamarca? ¿A qué viene tanto ruido? ¿Qué va a decir? Pero, como había hecho toda mi vida, me encargué de prepararme mejor que los demás. Cada mañana escrutaba las noticias, de los periódicos a los blogs, para asegurarme de que entendía todas las cuestiones importantes de la actualidad. Traté de asistir a las reuniones de los comités, incluso de algunos de los que no formaba parte. Esas reuniones me ayudaron a medir la dinámica de la Legislatura. También quería hacer amistad con gente de los dos partidos, así podía obtener más resultados en mi estado republicano. Pronto comprendí que no hay superhéroes solitarios. La gente tiene que aprender matemática elemental: con un total de 124 representantes, el número mágico para obtener la aprobación de un proyecto siempre va a ser 63.

Me fascinó llegar a entender cómo se hacen los acuerdos políticos. Para ser un legislador eficaz, debes saber que los acuerdos jamás se cierran en las cámaras, o en las reuniones de comité. Tampoco en las recepciones. En cambio, prácticamente vivíamos en los hoteles Sheraton y Hilton de Columbia, en cuyos bares nos sentábamos a hablar. Francamente, todo se hacía allí —a escondidas, usualmente en torno de un vaso de vodka y soda—, donde podíamos ser seres humanos y no políticos actuando para un público.

Hablo de grupos de quizás veinte representantes. Allí nos contábamos sobre familias, parejas e hijos. Reíamos y bromeábamos, y la seguíamos hasta la una de la madrugada. No importaba si eras negro o blanco, demócrata o republicano. Nos juntábamos para al menos intentar hacer algo, lo que era difícil para alguien como yo, joven, negro y demócrata.

Por supuesto, quería asegurarme sobre todo de ser amigo de los miembros del *caucus*, o bloque parlamentario, negro. A algunos de ellos los conocía por haberme criado en la zona y a través de mi padre, y a otros llegué a conocerlos con el tiempo. Me apoyé mucho en los miembros más veteranos del *caucus* y terminé por cuestionarlos tanto como ellos a mí, a fin de que tomara las cosas con más calma y prestara atención. Fue un aprendizaje para ambas partes. Creo que añadí algo de valor a su trabajo ayudándolos a entender la importancia de las redes sociales y la relevancia del movimiento Black Lives Matter, pero, ciertamente, también ellos añadieron un valor significativo a mis ocho años en el cargo. Uno de ellos, Lonnie Hosey, fue mi mentor. Exmarine y veterano de Vietnam, Hosey había sido herido en combate y condecorado con un Corazón Púrpura. No querías hacerlo enojar, pero sí lo querías a tu lado en la trinchera.

Lonnie solía sentarse al lado de Seth Whipper, otro miembro del *caucus* negro cuya madre también había sido parlamentaria. Desafortunadamente, ambos habían perdido a sus hijos y quizás, de algún modo, yo vine a llenar un vacío. Cuando triunfaba, celebraban conmigo, pero no se demoraban en amonestarme si cometía errores. El argumento de Lonnie era: «Chico, tienes que ir más despacio. No puedes hacerlo todo».

Pero yo quería arreglar todos los problemas del mundo cada día.

Mi primera semana presupuestaria fue en 2007. Usualmente, el primer día salíamos a las ocho de la noche; el segundo día, a las diez, y el tercero, para terminar, pasábamos allí toda la noche. Íbamos artículo por artículo y luego votábamos la extensión del presupuesto. Por entonces, el presupuesto era de unos 6 000 a 7 000 millones de dólares. Carolina del Sur también tenía una lista de espera en el programa de ayuda para medicinas contra el SIDA (AIDS Drug Assistance Program, o ADAP). La gente que figuraba en la lista necesitaba los remedios: en Carolina del Sur, eran trescientas tres personas, una de las listas más largas del país, pero le habría costado al estado apenas seis millones de dólares librarse de ella y darle a cada una de esas personas lo que precisaba.

Se podría decir que el fallecido Joe Neal era el miembro más sensible de la Asamblea General. Representaba el bajo Richland y conducía su auto cada domingo durante una hora y media para ir a Chester a predicar. Lanzó la iniciativa para saldar la lista del ADAP, y yo subí al podio para defenderla con él porque el condado de Bamberg también tenía alta incidencia de VIH y SIDA. Les pedimos a nues-

tros colegas republicanos que aprobaran un gasto relativa-
mente pequeño, menos de un décimo del uno por ciento del
presupuesto total. Sin embargo, votación tras votación, la
respuesta era «no».

Uno de mis colegas republicanos se levantó y dijo, de la
forma más peyorativa —lo recuerdo vívidamente—: «Quien
mala cama hace, en ella se yace». Nunca lo olvidaré. Estaba
tan frustrado que rompí el documento y grité: «¡Estamos
matando gente!» y abandoné el podio. Salí del edificio, atra-
vesé el estacionamiento y me senté en mi oficina. Todavía
podía oír lo que ocurría en la Cámara, pero necesitaba estar
solo. Me alteraba que hubiera tan poca compasión allí.

Los miembros afroamericanos, Lonnie, Seth y Neal,
vinieron a asegurarse de que entendiera que el esfuerzo no era
en vano. Estábamos rompiendo de a pedacitos la barrera de
la injusticia. Me dijeron que no podía frustrarme ante la falta
de compasión en el corazón de los demás. Tenía que seguir
hablando por los que no tenían voz. Y, quién lo iba a decir,
tenían razón, porque Kay Patterson, que servía en el Senado
del estado y se proclamaba con ingenio el presidente del *caucus*
negro-de-piel-clara, consiguió el dinero para salvar esas vidas.

A medida que los meses pasaban y las primarias se acercaban, viajé por el país en nombre del senador Obama, sobre
todo a universidades. También me convertí en miembro de
su comité directivo en Carolina del Sur. Muchos funcionarios del estado aún no lo apoyaban: respaldaban a Hillary
Clinton y, en algunos casos, a John Edwards.

Obama mantenía un escueto equipo de campaña en Carolina del Sur. Sólo otro empleado, además de Anton Gunn, cubría el estado entero. Dick Harpootlian y yo fuimos nombrados «miembros del comité». Dick era el expresidente del Partido Demócrata de Carolina del Sur y el abogado más astuto que conozco. Cuenta con lo que llamamos «dinero para mandar todo al carajo», es decir que es un *self-made man* que ya no tiene que recibir órdenes de nadie. El *Washington Post* publicó una vez un artículo sobre él titulado: «El regreso del rey».

Pero también es conocido por hablar de más. En 1986, cuando competía para un cargo en el concejo municipal, declaró a un periodista: «No quiero comprar el voto negro, sólo quiero alquilarlo por un día». Esa frase vuelve a salir todo el tiempo, y siempre he dicho a Dick, que es un amigo, que la declaración fue un horror; pero también sé que sus acciones hablan por sí solas. Y respeto su instinto político, inferior al de nadie que conozca. Por ejemplo, fue uno de los primeros nombres importantes de Carolina del Sur, blancos o negros, que declaró públicamente que Obama podía ganar la presidencia, lo que atrajo a otros.

Pero, para que Obama ganara las primarias en el estado teníamos que antes superar dos problemas. El primero era que los afroamericanos, especialmente los ancianos, temían que lo mataran. Después de todo, habíamos visto asesinar a tantos de nuestros líderes. El segundo era que temían que los blancos no votaran por él. No sabían, como nosotros, que la campaña de Obama era básicamente un duplicado de la exitosa campaña política de Deval Patrick en Massachusetts unos meses antes, en la que un extraordinario candidato negro enhebró la aguja de su identidad e hiló para atraer a votantes de distintos sectores.

Yo lo llamo progresismo con jerga afroamericana: encuadrar el progresismo dentro de tu historia personal. En otras palabras, no te olvides de quién eres o de dónde vienes. Deval planteó sus opiniones progresistas a la luz de su niñez pobre y Obama lo hizo en relación con sus vivencias en el sur de Chicago.

Muchos no podían ver cómo iba a funcionar la campaña a nivel nacional o cómo superar esos dos obstáculos. De hecho, jamás los habíamos superado antes de esa primaria en Carolina del Sur. El primero, el temor al asesinato, no era broma y carecíamos penosamente de preparación. De hecho, la primera vez que Obama vino a Carolina del Sur para hablar como candidato presidencial en el Centro de Convenciones de Columbia, había quince mil personas en el auditorio sin seguridad alguna. Un senador estatal blanco, que representa a un gran electorado negro en los condados de Manning y Clarendon, me llevó aparte más tarde, en el Senado, y me dijo que no debía ocurrir otra vez. Llamó al jefe de la South Carolina Law Enforcement Division (o SLED, una suerte de FBI del estado) y exigió que «este joven [Obama] reciba custodia, porque no va a ser asesinado bajo nuestras narices en Carolina del Sur».

Al final, Barack Obama cumplió con su palabra. Varios meses después de su llamada de abril de 2007, recibí otra en que me avisaron que venía a mi distrito, así que tenía que ayudar a decidir dónde celebrar el evento.

Michelle Obama ya había visitado Voorhees College. Cien personas se habían presentado en Massachusetts Hall, el callejón de la universidad, a unos dos kilómetros de mi casa. Pero no había forma de que encajáramos a Barack Obama en Dinamarca o en ningún otro sitio del condado de Bamberg, porque sólo podríamos hacerlo en un campo abierto, y no íbamos a plantarlo allí. Así que quedamos en usar la South Carolina State University en Orangeburg.

El día del mitín, el 22 de enero de 2008, me puse un traje y me sentí muy confiado. Mucho antes de que siquiera llegáramos al campus, vi afroamericanos a lo largo de kilómetros y kilómetros. Había gente de Maryland, Tennessee, Carolina del Norte y Virginia; era el pico de la «Obamamanía». Todo el mundo quería tocar el metafórico ruedo de su vestido.

Me rodearon los guardias custodios del campus y me llevaron por una puerta trasera al «green room», también conocido como el vestuario de básquetbol masculino, que olía a medias y Gatorade. Entré, y allí estaban el comediante Chris Tucker y la estrella de la serie *Scandal*, Kerry Washington. Fuera del vestuario podía oír el zumbido de una multitud joven… bueno, era más bien puro estrépito. Se oía a alto volumen la versión de Diana Ross de «Ain't No Mountain High Enough».

Rick Wade, uno de los asesores de Obama, nos mudó a un pequeño salón de clases en el piso de arriba, donde los tres nos pusimos a conversar. Algo después, Wade se asomó y dijo: «Voy al aeropuerto. Enseguida vuelvo».

Jamás había visto u oído de alguien que hubiera volado

al condado de Orangeburg. Ni siquiera sabía que teníamos una pista de aterrizaje.

Pero Wade regresó con la superestrella Usher.

Las cosas se movían muy despacio. El tiempo corría. Estábamos empezando tarde porque también Obama tenía que llegar en avión. En ese momento, sólo estábamos en el salón Usher, Chris Tucker, Kerry Washington y yo. El padre de Usher había fallecido una semana antes. Aunque no tenía una relación muy estrecha con él por entonces, la muerte le pesaba. Tucker, con su famoso acento y tono agudo, nos mantenía animados.

Usher me miró y dijo:

—Tú eres el político, *man*. Yo no hago estos trucos políticos. ¿Qué debería decir allí afuera?

Yo tenía veintitrés años, y me creía ingenioso e inteligente, así que dije:

—Usher, *man*, simplemente sal, canta y di «¡Alabado Dios!» y «¡Amo a las mujeres negras!».

Pronto oímos:

—Ya está aquí. ¡Es la hora!

El senador Obama entró en la sala, estrechando la mano de todo el mundo.

—¿Todos listos? ¡Vamos!

El clima en el gimnasio era demencial. Escuché lo que parecía la voz de Dios anunciar mi nombre primero: «Le damos la bienvenida al escenario el representante Bakari Sellers».

Caminé hasta cerca del centro de la cancha. Alrededor del

escenario había vallas de acero. La gente gritaba. Las luces deslumbraban. Había gente por todas partes, así que tenía que hablar torciendo el cuerpo para dirigirme a todos. Había enviados de la prensa internacional a lo largo de la pared posterior. Todavía había personas tratando de entrar y ser acomodadas, según me dijeron, en cuartos sobrepasados. Tenía cinco minutos para decir algo útil.

Empecé señalando que la sección más importante del discurso «Yo Tengo un Sueño» de Martin Luther King Jr. es la que reza «la violenta urgencia del ahora».

No soy alguien que cite mucho al Dr. King, porque creo que sus palabras han sido esterilizadas y teñidas de muchas maneras. La gente quiere realzar a King no sólo como un mártir, sino también como una figura política inofensiva. Han logrado privarlo de su identidad revolucionaria. Yo siempre consideraré a Martin Luther King Jr. como un militante negro que tenía el treinta y siete por ciento de aprobación del público y que nos fue arrebatado por odio. Me vuelvo loco cuando alguien pregunta: «¿Qué pensaría el Dr. King hoy si no hubiera muerto?». Eso blanquea lo que le ocurrió. No murió mientras dormía o de un ataque cardíaco o una embolia. Fue asesinado, lo que plantea una pregunta completamente diferente. El Dr. King nos fue arrebatado de la forma más violenta posible.

Realmente no había preparado mi discurso de ese día, pero había releído el suyo. Y pensé: «*Man*, tenemos chicas y chicos en la iglesia que saben el ritmo y la cadencia de "Yo

Tengo un Sueño", pero nadie lee el resto del discurso». Es una lástima, porque el discurso entero es lo más.

No mucha gente sabe que el Dr. King había pronunciado partes del discurso en otras ocasiones. La frase «Yo tengo un sueño» ni siquiera estaba en el texto que había planeado leer ese día de la Marcha sobre Washington. Pero King era tan buen pastor que, en ese momento, en el National Mall, sobre la escalinata del Lincoln Memorial, supo que no estaba llevando a la gente hasta el punto al que necesitaba llegar. Grandes oradores como King, Barack Obama y muchos pastores del sur *sienten* cuando su audiencia está completamente donde tiene que estar. A mi modo, también, cada vez que doy un discurso quiero llevar a la audiencia a un lugar distinto de aquel en que estaba cuando se sentó.

En 1963, no fue hasta que la gran cantante de góspel Mahalia Jackson le gritó a su buen amigo: «¡Cuéntales sobre el sueño, Martin!», que sus palabras se elevaron hacia la Historia. Y el Dr. King no sacó las palabras del aire, sino de lo que ya sabía. En junio de ese año, había pronunciado un discurso sobre «un sueño» ante 130 000 personas durante la Caminata a la Libertad en Detroit. Sin duda, «ahora era el momento de hacer reales las promesas de la democracia». En Washington, D.C., se aventuró a una improvisación sobre cómo hacerlo.

Así que quizás por eso, en el escenario, con Barack Obama esperando al costado, sentí que correspondían esas palabras del Dr. King: «La violenta urgencia del ahora». Hablaba a los jóvenes de la audiencia, pero también a algunos de los afroamericanos de mi distrito. No estaba seguro de que supieran qué tan cerca estábamos de tener un presidente negro y qué urgente era, porque todas las encuestas habían estado diciendo que Hillary Clinton nos iba a arrollar. En pos de mi propio objetivo, quería que la gente entendiera que podíamos hacer olas que el resto del país vería.

Francamente, no entendía del todo la magnitud del momento en que me hallaba. Cuando me di vuelta y presenté a Chris Tucker, la multitud se tornó más ruidosa. Después de cinco minutos, él presentó a Kerry Washington. Era enero y hacía frío afuera, pero yo estaba sudando por las luces que brillaban sobre nosotros. Kerry Washington habló y luego presentó a Usher. Las mujeres de la sala se extasiaron. Era el pandemonio.

Las primeras palabras que salieron de la boca de Usher fueron:

—Saben, quiero agradecer a Dios y saludar a todas las hermosas mujeres negras.

¡Usher, una de las más grandes estrellas del mundo, había seguido mi consejo! Nos miramos y compartimos una risita cómplice.

Para cuando Obama salió al escenario, las tribunas y las barandas temblaban, literalmente. Se suponía que nos debíamos parar detrás de él mientras hablaba; al menos ésas eran las instrucciones. Pero la gente no se concentraba. Gritaban «¡Usher!» o «¡Chris!» o «¡Kerry!». Había demasiadas estrellas en ese escenario.

El candidato lo advirtió, nos miró y dijo:

—¿Por qué no van allá atrás y vuelven cuando termine?

Pero primero se tomó una foto con todos nosotros.

—Vamos —dijo—, tomémosla.

En la foto, Chris Tucker está a mi izquierda y el futuro cuadragésimo cuarto presidente de los Estados Unidos a mi derecha. A su derecha, está Kerry Washington, y a la derecha de ella, Usher Raymond, con el puño en alto, símbolo de «*black power*». Todo el mundo estaba conectado con el momento.

Sentí tantas emociones cuando tomaron la fotografía. No sabía que se haría viral y sería publicada en *US Weekly* y sería un mural, hoy en día, en el Centro de Estudiantes de la South Carolina State.

Cuando Barack Obama salió al escenario, dijo:

—Tengo que agradecer al representante Bakari Sellers. Ha estado conmigo desde el principio. Es una promesa en ascenso. Se habla de él no sólo aquí, sino en todo el país.

Me dio el respaldo más grande de mi vida.

Barack Obama ganó la primaria demócrata en Carolina del Sur, pero también la de Iowa, lo que respondió a la segunda pregunta que preocupaba a la población negra: ¿Votarán por él los blancos? Era un sueño hecho realidad.

El poeta Langston Hughes, en su famoso poema «Harlem», planteó una pregunta importante: «¿Qué le ocurre a un sueño postergado?». Se convierte en una «carga pesada» o a veces, quizás, «estalla». Si uno es negro en los Estados Unidos, ha recitado el poema de niño. Inspiró tanto a Martin Luther King Jr. como a Barack Obama. Su pregunta: «¿Se seca como una pasa al sol?» inspiró la obra de teatro *A Raisin in the Sun*, reconocida como la mejor de 1959. Y me inspiró cuando decidí, siendo muy joven, postularme para un cargo, rehusándome a creer que no podía ayudar a la gente de mi pueblo sólo porque era joven. Sin embargo, creo que para hacer un sueño realidad, uno debe ser organizado y constante, como el Dr. King y todos esos manifestantes. Para ser un líder exitoso, uno debe soñar e imaginar el futuro, pero ser suficientemente práctico como para planear y trazar una estrategia que lo vuelva realidad.

Estar en el escenario con Barack Obama fue un momento especial porque yo tenía veintitrés años y había cumplido un sueño. Yo era un líder. Era un sueño en el que había comenzado a trabajar a los diecisiete años, aunque me había estado preparando para ello desde niño, criado como fui para tener un propósito en la vida.

Si hubiera esperado para competir por el cargo, como alguna gente me dijo, no habría estado a punto de completar mi primer término en la Cámara de Representantes de Carolina del Sur, montado en un escenario con el futuro presidente de los Estados Unidos. Y estaba ocurriendo en South Carolina State University. Había asistido a la escuela primaria e intermedia en la Felton Laboratory School, que estaba al otro lado de la calle. Durante la mayor parte de mi vida había jugado en el gimnasio en el que ahora me hallaba. Estaba a treinta kilómetros de donde había anunciado a mis padres que me postularía. Y estaba a menos de trescientos metros de donde los policías blancos habían disparado a mi padre durante la Masacre de Orangeburg.

VII

Tomar riesgos

La última vez que un afroamericano fue elegido para un cargo político a nivel estatal en Carolina del Sur fue en 1876. Obviamente hacía falta un cambio, razón por la cual en 2014 tomé un enorme riesgo: decidí renunciar a mi banca en la Cámara de Representantes y competir para vicegobernador.

Tenía veintinueve años y todo el mundo me preguntaba lo mismo: ¿De verdad piensas que puedes ganar? La respuesta era siempre: ¡Sí!

Entre los veinte y treinta años, estuve en la Asamblea General de Carolina del Sur. Me encantaba, pero empecé a sentir que me estaba estancando. Postularme para un cargo estatal me daba la oportunidad de hacer historia y, en vista de los cambios constitucionales en el estado, sería la última vez que un candidato a vicegobernador podría presentarse solo, en base a sus propios méritos, en lugar de como parte de una fórmula compartida con un candidato a gobernador.

Pero había una razón más profunda por la que quería competir por el cargo. El techo de la cafetería de la Denmark-Olar Elementary, a unos dos kilómetros de donde me crié, colapsó en 2010 sin que fuera mencionado en las noticias, como si a nadie le importara. Los niños más pequeños de la escuela tomaban clases en casas de remolque. Cuando llovía, todos los niños de la escuela, todos afroamericanos, caminaban por el lodo para llegar hasta allí.

Hay una razón por la que el derrumbe del techo de una escuela en el Sur pobre y rural no tiene cobertura de prensa: porque es típico. En un escenario estatal, sabía que podía hablar sobre el «Corredor de la Vergüenza» en el que miles de niños rurales en todo el Sur asisten a escuelas que se caen a pedazos. Soy producto del proverbio «Se necesita un pueblo entero para criar a un niño», pero lo que veía a mi alrededor era al pueblo viniéndose abajo.

Y no eran sólo las escuelas: teníamos otros problemas que requerían atención. Los hospitales todavía estaban cerrados, sobre todo en las comunidades que más los necesitaban. La gente viajaba cinco horas para llegar a empleos mal pagados y los más vulnerables bebían agua que no era apta para consumo humano.

Henry McMaster, mi oponente, había estado en la política o en un cargo desde 1984. Había trabajado para el presidente Ronald Reagan como fiscal federal en Carolina del Sur.

Había competido sin éxito por una banca en el Senado en 1986, pero luego se convirtió en el presidente del Partido Republicano local y en fiscal general del estado. Obviamente era un pez gordo, pero éramos un claro contraste. Yo creía que representaba la esperanza y el futuro, mientras que él representaba el pasado.

Una de las primeras cosas que Jill Fletcher, mi recaudadora de fondos, y yo hicimos fue visitar al congresista Clyburn en su gran oficina en la esquina de las calles Lady y Sumter, en Columbia. Estaba entusiasmado por hablar con él sobre mis ambiciones y quería obtener su apoyo. Además, él era una de las razones por las que había entrado en política en primer lugar.

A los veintinueve, todavía era demasiado joven para algunos, pero ya tenía un recorrido. Había construido una escuela en el condado de Bamberg y una biblioteca en Dinamarca, y había atraído una fábrica de puertas a mi pueblo. Pero había mucho más por hacer. Necesitábamos arreglar las escuelas de Carolina del Sur, ofrecer agua potable a las comunidades rurales pobres del estado y contribuir a sacar a los políticos que mantenían al estado varado en el pasado. A diferencia de cuando había comenzado mi primera campaña, no sentía la necesidad de obtener el apoyo de las luminarias locales: esperaba haberme ganado su apoyo ya. Estábamos compitiendo por representar a 4,6 millones de surcarolinos, no a las casi 40 000 personas a las que había servido en la Cámara. Se trataba de una campaña diferente.

Aun así, quería el apoyo de Clyburn. Pero cuando nos encontramos, echó una risita y dijo: «Si alguien pudiera ganar a nivel estatal, ¿no crees que ya lo habría hecho yo?».

Me chocó tanto que tragué aire. El comentario sonaba descortés, pero entendí lo que quiso decir. Durante largo tiempo, mi exempleador había sido un lobo solitario, el único congresista nacional demócrata de Carolina del Sur. Había competido a nivel estatal sin éxito, así que entendía las dificultades que cualquier demócrata, y más un demócrata negro, debía enfrentar.

Muchos no mostraron entusiasmo o apoyo. Como antes, pensaron que era demasiado joven e inexperto. Pero no suscitamos la energía que rodeaba a nuestra campaña enfocándonos en los de arriba o en las celebridades políticas. Despertamos el entusiasmo de los *millennials* y aquellos de dieciocho a cuarenta y cinco años que no me veían como joven e inexperimentado, sino como alguien ya probado y capaz. Visitamos a líderes de negocios, gente de la iglesia y vastas redes de personas influyentes.

· ·

Elegí a Isaac «Ike» Williams Jr. como mi jefe de campaña. Es también uno de mis amigos más cercanos: a menudo digo que nos conocemos desde antes de nacer, porque nuestros padres estaban juntos en el movimiento por los derechos civiles. Ike era mi asistente en la Legislatura, encargado de atender las necesidades cotidianas de mis electores. Yo estaba haciendo malabares entre la escuela de Derecho, mis deberes como legislador y mis viajes entre Dinamarca, Columbia y Charlotte en Carolina del Norte para ver a Ellen Rucker, mi prometida y futura esposa, así que Ike era mi enlace con muchos frentes. También era un consultor político con muchos éxitos en su haber. Había sido el jefe de campo del alcalde de Columbia y luego se convirtió en el director político de la campaña de Bernie Sanders en Carolina del Sur.

Pero en 2013 le pregunté:

—¿Qué te parece si me postulo para vicegobernador?

—Si crees que es el momento de hacerlo, cuenta conmigo —replicó.

Inmediatamente nos pusimos a hablar sobre estrategia, miramos fechas y Ike me dijo con quién debíamos reunirnos. De voz suave y trabajador, Ike logró que la campaña funcionara tan libre de contratiempos como fue posible, manteniéndose en contacto con el resto del personal, revisando el correo, llevándome de aquí para allá y asegurándose de que todo se mantuviera en marcha.

Jill Fletcher había reunido 700 000 dólares, así que, además de a Ike, contraté a dos consultores republicanos —republicanos, porque quería gente que supiera lo que era ganar elecciones en Carolina del Sur—. Teníamos un pequeño grupo de personal pago, pero uno mayor de voluntarios. Ike y yo nombramos a unos cincuenta líderes de equipos, muchos de ellos de diversas universidades, y algunos miembros de las organizaciones de Jóvenes Demócratas.

Ike creía que la gente estaba entusiasmaba al ver a un demócrata negro lleno de energía en un intento serio por ganar un cargo estatal importante. «Estaban impresionados con lo inteligente que era», dice Ike, «y nadie había visto a alguien tan joven subirse al podio y hablar tan elocuentemente sobre políticas de estado». Incluso hoy dice que los *millennials*, tanto blancos como negros, jamás dudaron de que yo podía ganar. En total, teníamos unos doscientos cincuenta voluntarios distribuidos por todo el estado.

Pero entre los que no se sumaron, la mayoría estaba en *shock* de que yo considerara seriamente competir con McMaster. «Que un joven afroamericano no se rindiera hizo que la gente empezara a pensar: bueno, tal vez puede lograrlo», recuerda Ike.

Durante dieciséis meses, Ike y yo viajamos por cuarenta y seis condados. Y los recorrimos de nuevo durante los últimos treinta días de la campaña.

· ·

Una de nuestras primeras paradas durante nuestra gira de treinta días fue una iglesia en Britton's Neck, que está en el condado de Marion una de las zonas más pobres del estado. Afuera de la iglesia, un hombre freía una gran sartén de pescado. Adentro, la sala estaba llena de, en su mayoría, afroamericanos. Trato de encontrarme con la gente allí donde está. Todos los que se hallaban en esa sala me recordaban a la gente de Dinamarca, gente con la que podía toparme en el Piggly Wiggly.

«Saben, creo que tengo la osadía de mirar a la gente y decirle que no importa si uno es blanco o negro», les dije. «Si no tienes seguro de salud y eres blanco, y no tienes seguro de

salud y eres negro, ¿sabes qué?, te vas a enfermar y vas a llevar a la ruina a tu familia. Es el mismo problema. No puedo
decirles qué pasa en China, porque nunca he estado allí. Pero
puedo decirles qué pasa en Carolina del Sur, sobre todo en
el condado de Bamberg. Digamos que te quiebras el dedo del
pie. ¿Saben que tienen de treinta a cuarenta y cinco minutos
hasta el hospital más cercano? Porque el cartel del hospital
del condado, ¿saben lo que dice? "En caso de emergencia,
llame al 911", porque el hospital cerró en 2012. ¿Y qué estamos haciendo al respecto? Absolutamente nada».

Los últimos treinta días fueron agotadores. Comenzába-
mos el día hablando temprano en la mañana. Salíamos a la
carretera a las ocho de la mañana y conducíamos de un ex-
tremo del estado al otro, a veces a través de más de tres condados por día.

· ·

Ellen dijo que sabía que me iba a costar mucho competir por
un cargo estatal. Entendía que podía ser una campaña larga
y a veces desagradable, que lo fue. Sabía también que yo iba
a estar fuera mucho tiempo, pero me apoyaba porque com-
prendía que no era algo que simplemente quería, sino que
necesitaba hacer.

La conocí en 2008, en una boda en Cancún. Es una de
ocho hijos. Su padre, ya fallecido, era dentista y su madre
es ama de casa. Creció en Lancaster, Carolina del Sur, en el
seno de una familia muy unida y religiosa. Su hermana Ruby
nos presentó. Me sentí inmediatamente atraído por ella, que,

según mi hermana, encajaba en mi tipo: hermosa, del campo, ingeniosa y con los pies sobre la tierra.

Emprendedora dedicada a los productos para el cabello, Ellen mide apenas un metro sesenta, cosa que mi hermana Nosizwe, que mide casi un metro noventa, se declara, en broma, incapaz de comprender, dado que todas las mujeres de nuestra familia son muy altas (nuestra madre llega casi al metro ochenta).

«El día que conoció a Ellen, Bakari me llamó y me dijo que era hermosa, pero cuando la conocí, vi que también era hermosa por dentro», observó.

Ellen me llevaba ocho años y estaba divorciada cuando nos conocimos, pero eso no me importaba. Tenía una hija de tres años, Kai, con su exmarido, la estrella de básquet de la NBA Vince Carter. Aunque Ellen y yo no habíamos tenido mucho contacto durante el viaje a Cancún, le dije a Kai cuando todos estábamos en la piscina, incluida Ellen, que podía oírme:

—Voy a ser tu papá algún día.

Cómica, pero con absoluta razón, Kai respondió:

—Ya tengo un papi —y se fue nadando.

Por cierto, jamás le he dicho a nadie desde entonces que soy el papá de Kai (aunque ella es mi hija), antes que nada, porque tiene un papá maravilloso. Yo soy el papá extra: sé cuál es mi puesto.

Durante ese período de «cortejo», estaba terminando mi primer período como legislador y preparándome para la reelección. Tenía veintitrés años y ni un centavo. La mayoría de la gente no se da cuenta de esto, pero los legisladores de Carolina del Sur ganan apenas 10 000 dólares al año, más reembolsos por gastos. Acababa de terminar la escuela de Derecho, pero estaba tan ocupado que no podía prepararme bien para el examen con el que obtendría mi licencia de abogado. Conseguí un puesto en el bufete Strom Law, donde todavía trabajo, pero por entonces todavía no tenía la licencia y, además, debía 113 000 dólares de préstamos estudiantiles.

Aun así, cuando regresamos de Cancún envié flores a Ellen y le pregunté si podía sacarla a cenar. Con los ochenta y tres dólares que tenía en el bolsillo, conduje hasta Charlotte para verla. Vivía en un hermoso apartamento cerca de SouthPark Mall. Eligió una linda vinería que servía tapas, pero yo no sabía que a Ellen le encantan las chuletas de cerdo, que son caras.

Cuando no tienes mucho dinero y tienes una cita más cara de lo que puedes pagar, deja que tu invitada pida primero. Tu apetito, o más bien tu presupuesto, debe basarse en lo que ella pida. Si pide mucho, ya no tienes hambre. La cuenta fue de setenta y seis dólares, así que me las arreglé.

Debe haber sido una gran cita, porque hemos seguido hablando desde entonces.

En la época en que competía para vicegobernador, Ellen y yo estábamos planeando casarnos y tener hijos. Sin embargo, la elección me mantenía fuera todo el tiempo. «Salta de una ciudad a otra», le contó Ellen a un documentalista que me seguía durante la campaña. «No lo veo. Es como cualquier otra relación a distancia... Ya sabes: nos texteamos, hablamos por FaceTime, nos llamamos por teléfono cada mañana y cada noche».

Mentiría si dijera que no fue difícil estar lejos de Ellen y Kai una semana entera, pero me apoyaron hasta el final.

. .

Hay muchas razones por las que ni los afroamericanos ni los demócratas pueden ganar elecciones estatales en Carolina del Sur. Aunque los afroamericanos representan más del sesenta por ciento de los votantes demócratas registrados, el partido no los busca durante las elecciones de medio término, ni coordina esfuerzos para hacer que voten, y mi elección caía junto con otras de medio término. Para cuando llega el día de la elección, según la mayoría de las encuestas, los afroamericanos suelen estar tan desilusionados que se quedan en casa.

Así que les pregunté a mis consultores: «¿Cuántos votantes blancos necesito para ganar a nivel estatal si maximizo el voto afroamericano?». Uno dijo que los demócratas de Carolina del Sur pueden contar usualmente con uno de cada cinco votantes blancos, un dieciocho por ciento, precisó otro. En consecuencia, esperábamos maximizar el voto negro y aumentar el voto blanco a entre el veinticinco y treinta y cinco por ciento: ésa era nuestra estrategia.

La primaria que había ganado Obama en el estado nos dio información y nos convenció de que podíamos hacer historia. También contábamos con un buen debate y ya habíamos percibido que la campaña generaba mucha cobertura de prensa. Lentamente crecían los números de las encuestas.

El problema, explicó el segundo consultor, era que las tendencias indicaban que los blancos de Carolina del Sur votaban cada vez menos por los demócratas.

«Entonces, ¿qué hacemos?», pregunté. «¿Dejar de enfocarnos en los afroamericanos?».

No, respondió ella. Hay que empezar a enfocarse en los blancos.

Tenía razón, pero era más fácil decirlo que hacerlo. Hubiera estado más cómodo tratando de maximizar el voto negro, que potencialmente era enorme. Creía que podíamos construir una base demócrata aumentando el número de afroamericanos que iban a votar. Algunos días sentía que nos acercábamos; otros, no tanto.

Unas dos semanas antes de la elección, el 4 de noviembre de 2014, tuve una pequeña reunión en una acogedora casa en Darlington. La mayoría de los asistentes eran jubilados afroamericanos. Les dije que en nuestro hermoso estado:

—Hacemos dos cosas muy mal. Nos aferramos a los viejos fantasmas… sea la bandera confederada u otra cosa. Y elegimos a las mismas personas para hacer lo mismo y no obtenemos resultados diferentes.

Un anciano caballero tomó la palabra.

—Creo que, históricamente, no hemos descubierto la importancia de las elecciones que no son para presidente.

Negué con la cabeza.

—Doscientos sesenta mil afroamericanos que lucen como usted y yo estuvieron ahí por Barack Obama. Ustedes lloraron la noche en que ganó y pensaron que habíamos superado algo. Pero luego no fueron a votar en 2010. Cada voto de esas elecciones de medio término importa, todas las elecciones importan. No lo decimos a menudo en una elección, pero tenemos la oportunidad de hacer historia. Es increíble que tengamos ese poder. Necesitamos el mismo tipo de energía que entonces.

—Creemos en ti —dijo el hombre—. Eres una extensión de nuestros sueños. Tengo ochenta años. Mi esposa tiene setenta y nueve. Hay tantas cosas que quiero ver para nuestros hijos y nuestros nietos, y tú representas esa esperanza. No sabes qué entusiasmados estamos contigo.

Aunque era alentador hablar con votantes negros que creían tener una baza propia que jugar en mi posible victoria, me mantuve en el curso que habíamos trazado: traté de aumentar nuestro voto blanco, lo que a menudo es una batalla cuesta arriba en Carolina del Sur. Es un estado tan republicano que la gente te dice en tu cara que nunca ganarás porque eres demócrata. Nos parábamos en las esquinas con carteles y la gente era francamente malvada. Nos ignoraban o escupían su odio, no sólo hacia mí, sino hacia el Partido Demócrata y, por supuesto, hacia el entonces presidente Obama.

Otros eran tan amables como les era posible y mostraban su apoyo. Algunas votantes blancas de cierta edad se acercaban y me daban un gran abrazo y un beso y decían: «Nunca voté por un demócrata, pero votaré por ti». Jóvenes blancos me contaban: «Alenté a mis abuelos a que votaran por ti».

Esas palabras amables me sostuvieron en los tiempos difíciles. Y hubo muchos.

Fantasmas y *trolls*

He aquí un ejemplo de los tuits llenos de odio que recibo cada día: «Negro marica, sólo porque demostré lo equivocado que estás en Twitter me bloqueaste. Eso no te da ningún poder, te convierte en un *nigger* cobarde». O: «Me gustan los negros, pero odio a los *niggers*. Tú, amigo mío, eres uno de esos *niggers* y un horrible chimpancé metido en un traje».

El odio me llegaba en forma de tuits, cartas y llamadas telefónicas. Ike recuerda que recibí cientos, si no miles, de tuits y mensajes hostiles durante mis ocho años como miembro de la Asamblea General de Carolina del Sur. Mi campaña para vicegobernador generó mucho ruido y cobertura de prensa, que, cree Ike, también dio energías al odio. Me reía de la mayoría de los comentarios porque esa clase de discurso era demasiado ordinario para que gastara mis energías enojándome. Además, la mayoría de los comentarios eran simplemente racistas, no amenazantes, aunque a veces tuve que involucrar a la policía.

· ·

Desafié a Henry McMaster a renunciar a la membresía de un *country club* que, según reportes públicos, era exclusivamente blanco. Declaré a MSNBC: «Sólo quiero que McMaster se sume a pensar ideas para ir hacia adelante. Y sí, lo desafío a renunciar a su membresía, porque quiero que la gente sea capaz de mirar a Carolina del Sur y ver que estamos elevando el nivel de nuestro estado, que ya no nos retienen esos fantasmas del pasado».

McMaster era parte del problema, parte de una cultura de Carolina del Sur que se rehusaba a cambiar, parte de la cultura que yo necesitaba extirpar. McMaster, cuyo estilo de vieja escuela siempre le había funcionado, declaró sin problemas a los medios, a través de su jefe de campaña, que no pensaba renunciar a un club del que había sido miembro por más de tres décadas.

Siempre había sido así en Carolina del Sur, pero mi papá decía que no tenía por qué serlo. Me había alentado, si no también provocado:

—Esto cambiará con tu generación, pero tienes que ponerte al frente y pelearlo.

Yo era cauteloso.

—No estoy seguro de cuándo ocurrirá.

Y, sin embargo, pese a todos los que me decían que era demasiado joven, mi padre sabía que era la gente joven la que promovía los cambios: Martin Luther King Jr. ni siquiera tenía cuarenta años cuando fue asesinado.

—Tienes que tomar el riesgo y someterte a ese tipo de situaciones —decía—. Es el precio que hay que pagar para aparecer como una joven promesa, hacer campaña y triunfar.

Lo que quedó sin decir era el hecho de que otros se asegurarían por todos los medios de evitar que lo lograra.

. .

Dos años antes, el 7 de octubre de 2012, había sido detenido por el *sheriff* del condado de Chester, quien me preguntó si había estado bebiendo. Era así, pero no estaba ebrio. Regresaba del partido de fútbol americano de University of South Carolina—Georgia, probablemente conduciendo demasiado rápido por la autopista I-77 justo después de la una de la mañana.

Durante la campaña se hizo pública la grabación de cómo me arrestaban. Me causaba ansiedad que se diera a conocer, pero no me sorprendió que ocurriera. El caso había sido desestimado porque la evidencia no cuadraba, pero me declaré culpable de conducir temerariamente. Estaba demasiado soñoliento para conducir esa noche, así que tomé una mala decisión que creció hasta convertirse en algo que se quedará conmigo por siempre.

Una de las cosas más desalentadoras de competir por un cargo estatal fue que enviaron un agente republicano a seguirme. Por donde iba, el investigador estaba allí —usualmente, el mismo hombre blanco, relleno, de mediana estatura, que me apuntaba con una cámara de video durante mis discursos—. A veces se escondía en los arbustos, pero casi siempre aparecía en nuestras reuniones esperando pescarme bebiendo o haciendo lo que no debía. O simplemente informaba a la gente de McMaster sobre lo que estaba diciendo. Me ponía muy nervioso tener a alguien apuntándome con una cámara y espiando la campaña. A veces, nuestros voluntarios trataban de ahuyentarlo, pero la mayoría del tiempo lo ignorábamos.

El pescado frito de la iglesia

Soy consciente, por supuesto, del rol que la iglesia negra jugó en el movimiento por los derechos civiles, pero me ha decepcionado en tiempos recientes. Durante los últimos cincuenta años, la iglesia se ha retirado de su legítimo sitial como bastión del activismo y está perdiendo su perfil. Alguna vez epicentro del cambio, las iglesias negras se han transformado en megaiglesias vacías, en las que los pastores están más sedientos de fama que de justicia social.

Con todo, estamos empezando a ver el surgimiento de una nueva generación de activistas sociales que también son pastores y líderes de fe, como Jamal Bryant y su lucha por prevenir las injustificadas balaceras de la policía, o William Barber, en la primera línea del combate por transformar el paisaje político de Carolina del Norte, o Sarah Jakes Roberts, William Murphy y Charles Jenkins, que usan sus ministerios para enseñar a los miembros de su feligresía a ser parte de algo más grande que uno mismo.

Pero hemos retrocedido. Desde la muerte del Dr. King, la iglesia se ha vuelto pasiva e insular en el mejor de los casos, en una época en que necesita ser joven y más progresista. Por ejemplo, debería volverse más activa. En la generación de mi padre, los activistas usaban los autobuses de la iglesia para llevar a la gente a votar y los edificios de las iglesias para organizar asambleas comunitarias, y los pastores jamás temían decir lo que pensaban sobre cuestiones que afectaban a toda la comunidad, no sólo a los miembros de sus parroquias.

Actualmente, y ésta es una mera observación política, el GOP (Grand Old Party, como se llama al Partido Republicano) es visto como el «God's Only Party» (El Único Partido de Dios). Así como el «voto de la clase trabajadora» en los medios a menudo se refiere exclusivamente al voto blanco, como si otros votantes no trabajaran, el «voto cristiano» a menudo se refiere al voto republicano. Pero lo que los periodistas no comprenden, o quizás pasan por alto, es que los afroamericanos son conservadores en sus creencias religiosas.

Pese a mis cuestionamientos a la Iglesia, he pasado mucho tiempo en ella, sea para nutrir mi vida espiritual, sea para construir comunidad. De modo que sé que, si uno quiere llevar a la población negra a las urnas, es necesario movilizarla espiritualmente y hacerlo en los lugares de veneración.

En consecuencia, si uno quiere competir en una elección en Carolina del Sur, es esencial visitar tantas iglesias como sea posible. En particular, la Iglesia Episcopal Metodista Africana (AME, por sus siglas en inglés) es una de las más persuasivas en la política demócrata de la región. La AME es para nosotros lo que la Convención Bautista Sureña es para los blancos. Fui a todas las iglesias durante mi campaña y conocía el protocolo por mi experiencia en las elecciones parlamentarias: uno llama una semana antes de ir de visita, entrevista primero al pastor y luego dice a los feligreses lo que sea que tenga para decir. Mi abuelo materno era ministro bautista en Memphis y siempre decía: «Cuando hables en una iglesia, asegúrate de dejar la prédica al pastor».

El pescado frito de la iglesia es, por lo general, la posibilidad de llegar a cientos de potenciales votantes. Jamás ocurre
en el santuario, sino en las salas de asamblea, que lucen todas
iguales: un cuarto amplio en la parte trasera o en el sótano. El
piso siempre está azulejado, los tablones de anuncios cuelgan
de las paredes y la cocina tiene una pequeña ventana a través
de la cual se puede ver a los miembros cocinando pescado
frito y sémola de maíz. Jamás faltan retratos enmarcados de
Martin Luther King Jr. y de Jesús. Con el pasar de los años,
se han añadido fotografías del presidente Obama.

En esas salas, los ministros son secundarios respecto de
las damas de la iglesia, que organizan a los votantes, se aseguran de que los autobuses estén listos el día de elecciones
y ayudan a la gente a llenar sus papeletas para enviar por
correo. A menudo, pero no siempre, son esas damas las que
cocinan el pescado. Las iglesias casi siempre sirven merlán,
porque es barato. También porque es delicioso después de ser
dorado en grasa caliente y Lawry's Seasoned Salt y untado
con salsa picante y mostaza. Entras en la sala de asamblea
y oyes el chisporroteo de la fritura y hueles la grasa en el
aire. Todo político sabe que el pescado frito se come con pan
blanco, pero también que los bastones de pan se te pegan a
los dientes y el paladar como si fuera cola. Si uno es funcionario electo, lo último que uno quiere es tener pan pegado a
los dientes. Así que tienes que usar la lengua y chupar el pan
de tus dientes con todas tus fuerzas.

También puede que te toque un bollo salado para acompañar, pero si estás en una auténtica iglesia del campo, te servirán un budín de hígado con pescado y sémola.

Mi gran amigo Clem

Hacia el final de la campaña, asistí a una de esas reuniones de pescado frito en la iglesia AME de Walterboro con Vincent Sheheen. Vincent era el candidato demócrata a gobernador. Aunque no integrábamos una fórmula conjunta, de algún modo éramos compañeros en la elección.

Ike y yo fuimos juntos a la iglesia el sábado a la mañana. El reverendo Clementa «Clem» Pinckney nos dio la bienvenida tan pronto como estacionamos. Clem era tanto un senador estatal de larga data como el pastor de la Iglesia Emanuel de la AME en Charleston. Una de las iglesias negras más antiguas del sur profundo, es conocida como Madre Emanuel. Ese día, Clem estaba en St. James como celebridad política.

Me sentía abatido y amoratado, y Clem lo advirtió. Se me acercó y con su voz profunda a lo Barry White, me preguntó:

—¿Cómo estás?

—Estoy cansado —respondí.

Estaba en la recta final, el final de una dura campaña. Él debe haber percibido el estrés, porque dijo algo que jamás olvidaré:

—Bakari, sólo sigue, sigue y sigue.

Fue inflexible en que no estuviera cansado, en que no coqueteara con la idea de rendirme. Necesitaba que siguiera.

Era como si me amonestara por decir que estaba exhausto, porque no podíamos permitirnos que yo ni nadie más se rindiera. Había tanto por hacer, tantas batallas por librar.

Me miró con dureza.

—Los líderes como nosotros tenemos que seguir —dijo—. Bakari, rezamos por ti.

Siempre daba ánimos, pero ese día casi insistió en que me mantuviera firme, porque lo que venía no iba a ser más fácil. Clem se convirtió en el miembro más joven del Senado cuando fue elegido. Nuestros distritos, además, se superponían. Me puso bajo su ala por nuestra juventud en común, pero Clem, que ya tenía cuarenta y un años para entonces, estaba mucho más adelantado en su camino espiritual. Se había vuelto predicador a los dieciocho y miembro de la Cámara de Representantes a los veintitrés, no mucho mayor que yo cuando fui elegido. Apoyaba mi postulación a la vicegobernación con un propósito específico: que yo expandiera el servicio de asistencia de salud Medicaid. Creo que, si hubiéramos podido hacerlo, Clem hubiera abandonado sus deberes políticos como senador y se hubiera dedicado exclusivamente a la iglesia.

Ese día, asistieron unos cincuenta votantes del condado de Colleton y nos sirvieron pescado y sémola. Me encanta el pescado frito, pero después de dieciséis meses de comerlo ya había tenido suficiente. A menudo hay un diácono en estas reuniones. Esta vez era una joven llamada Kay Hightower, que era lo que nosotros llamamos una «enlace con la fe» o un «enchufe». Su trabajo es valioso para los políticos porque coordina la extensión comunitaria de la fe con las campañas políticas.

Mientras miraba la sala, advertí que habíamos perdido a Clem. «Permítanme, voy a buscarlo», dijo Kay. Aunque estábamos en la iglesia, Vincent Sheheen y yo vestíamos informalmente, con *jeans*, mocasines, medias y una camisa planchada. Clem, en cambio, siempre vestía de traje, así que a Kay le resultó fácil encontrarlo.

Clem nos presentó y dijo de Vincent: «Llevará a nuestro estado a un lugar distinto». Luego, yo le dije a la audiencia que estaba en un trance similar al de David cuando enfrentó a Goliat. «Hay mucha gente que dice que no puedo ganar porque soy joven, que dice que no puedo ganar porque soy negro, o que dice que no puedo ganar porque soy demócrata. Y hay aquellos que dicen que no puedo ganar porque soy un joven demócrata negro. Pero yo quiero que voten por mí por aquello en lo que creemos, una Carolina del Sur mejor».

Pedí a todos que alentaran a sus amigos y parientes y compañeros de trabajo a votar, incluidos los estudiantes de último año de la Colleton County High School.

· ·

Hacia el final de la campaña, seguíamos por inercia. Ike y yo estábamos tan cansados que a veces nos olvidábamos de comer, a pesar de toda la comida que había a nuestro alrededor.

Una de nuestras últimas paradas fue un evento con una organización empresarial. Era diferente de otras presenta-

ciones que hacía, pero Ike y yo pensábamos que era importante intentar atraerlos. El público era casi todo blanco y
parecía atento, si no cauteloso.

Era obvio que no tenía mucha energía cuando empecé mi
discurso sobre comida saludable para los niños y en el condado de Bamberg, antes de llegar al punto en que añado:

—Le digo siempre a la gente que, al crecer en un pequeño
pueblo rural como el mío, no había nada más importante que
pasar tiempo con tu familia en la cena de los viernes...

Y paré de hablar.

—No me siento bien —dije, y varios hombres de la audiencia se apresuraron a hacerme sentar. No podía recordar si
había comido el día anterior.

Recuperé el aliento y dije en el micrófono con una voz
débil:

—Lo siento, pero soy Bakari Sellers. Denme una oportunidad el cuatro de noviembre de ser vicegobernador... si
todavía sigo vivo.

Ike me sacó de la sala.

—¿Qué tal un jugo de naranja, o algo así? —me preguntó—. ¿Sientes un bajón de azúcar?

. .

El condado de Lancaster fue la última parada de nuestra gira
por toda Carolina del Sur.

—Estamos exactamente a veinticuatro horas de la posibilidad de hacer historia —le dije a la multitud—. Y estamos
cansados, agotados. Ha sido un camino largo, arduo, duro,

con gente dándonos por perdedores, los periódicos dándonos por perdedores, las encuestas dándonos por perdedores. Pero las encuestas no votan. Nosotros votamos. Tenemos tanto poder. Y mañana tenemos la increíble oportunidad de demostrarles que están equivocados. —Señalé a una niña negra en la audiencia—. No estamos compitiendo por nada más que por esta niña con camiseta amarilla. Para que ella pueda soñar grandes sueños.

Mi voz empezó a temblar y me asomaron las lágrimas.

—Así que: mi nombre es Bakari Sellers y mañana, a las siete en punto —dije, aferrando el micrófono, y mi voz se estremeció—, ¡a la victoria!

Ellen corrió hacia mí.

—¡*Baby*, estuviste espectacular!

Noche de la elección— 4 de noviembre de 2014

El día de la elección fue soleado. Me sentía contento, ligero y con la victoria en el bolsillo. Había pedido un debate durante meses, pero McMaster lo había rehuido continuamente. Yo había empezado a tuitear cada día que no respondía y, finalmente, alrededor del día número setenta, aceptó. En el debate habló sobre el pasado, sobre cómo trabajó para Ronald Reagan, y trató de ligarme a Obama todo lo que pudo, pero quedó claro que yo había ganado la pelea. Los votantes me paraban en la calle y me aplaudían. Los medios y otros me felicitaron por un golpe en particular que le propiné sobre los años en que McMaster había recibido dinero del gobierno. «Usted ha recibido tantos beneficios del gobierno durante toda su carrera, que probablemente lo envidian algunas aprovechadoras de la asistencia social», le dije.

Cuando cuestioné su capacidad para crear empleos, Mc-Master afirmó con una sonrisa que había creado un montón enviando gente a prisión. Se la devolví exclamando que no hay trabajos en la prisión.

Estaba convencido de que íbamos a ganar, de que íbamos a hacer historia. Esa mañana, sentía calma y entusiasmo mientras llevaba una caja de dónuts Krispy Kreme a los voluntarios, como siempre hago en mi precinto el día de la elección. Reí un poco con algunos que veo en cada elección, repartí los dónuts, y voté.

—De acuerdo, señoritas. No dejen que ella se coma todas esas dónuts —dije, mientras salía.

El día fue tranquilo, pero la noche fue intensa.

Todos —Ellen, Ike, los consultores y otros— nos sentamos frente a la pantalla de la computadora en la suite presidencial del Hilton de Columbia. Lionell, uno de los miembros de nuestro *staff* de campaña, cliqueaba en la computadora mientras yo lo guiaba.

Empezó bien: el condado de Bamberg estaba al rojo vivo.

—Okey, ahí vamos, uno por ciento adentro. Okey, mantenemos el ritmo. Regresa a la entrada de datos —dije—. Eh, ¿qué es eso? ¡Eh, eh, eh! ¿Qué es eso que...? ¿Qué... qué mostraste recién?

—Ganamos Fairfield —dijo alguien.

—Ah, de acuerdo. ¡Toma una foto! ¿Qué es eso? ¡Esooo! Uno adentro. Cuarenta y cinco más por ganar. Oh, ¿ya entró Sun City? Miren eso. ¡Estamos bien!

Pero, de pronto, ya no estábamos bien.

—Sólo vas atrás por ocho mil votos —intentó tranquilizarme Ellen.

—Catorce mil —murmuré—. Mierda... ¿Tenemos los números de los demás precintos? Déjame ver... ¿ya entró la ciudad de Anderson?

Meneé la cabeza, desesperado.

—Dios mío.

Enseguida se acabó. Obtuve el cuarenta y uno por ciento de los votos contra el cincuenta y nueve de McMaster, que ganó el setenta y cinco por ciento del voto blanco y el diez por ciento del voto negro.

En un emotivo discurso de aceptación de derrota, les dije a mis seguidores: «No me voy a ningún lado...Van a tener que lidiar con Bakari Sellers por una razón: amo a Carolina del Sur». Me quebré: no podía contener las lágrimas. «Gracias, y que Dios los bendiga».

Algunos reporteros fueron amables. Un presentador de televisión dijo: «Este emotivo Bakari Sellers es, por supuesto, una estrella en ascenso del Partido Demócrata, así que tengo que concordar: esta no es, probablemente, la última vez que lo veamos».

Supe que iba a ganar la elección y hacer historia... hasta que no gané.

Me cuestioné: ¿recaudamos suficiente dinero?, ¿hicimos

lo suficiente para hacer que la gente fuera a votar? Pero sabíamos exactamente cuál era el problema: no había suficientes votos allí fuera para que ganara un demócrata.

Ike creía que había impresionado de tal modo a la gente que contacté en todo el estado, que si hubiera sido un joven blanco hubiera ganado. Pero no lo creo. Hubiera estado más cerca, cierto, pero ¿ganar? Probablemente no. Seguiría siendo un demócrata en Carolina del Sur.

Mirando hacia atrás, fue una victoria para mí y para otros como yo: el hecho de que un joven demócrata negro pudiera ganar el cuarenta y un por ciento de los votos en el estado más profundamente republicano era prometedor, sino totalmente increíble. Buena parte del mundo político se conmocionó. Para nosotros, significaba que las cosas estaban cambiando y que un día sería posible que alguien negro o demócrata ganara un cargo estatal en Carolina del Sur.

Siempre le digo a la gente que estamos rompiendo de a poco la barrera. En 2014, gané el cuarenta y un por ciento de los votos en Carolina del Sur; en 2018, Stacey Abrams ganó casi el cuarenta y nueve por ciento en el estado de Georgia; y en 2018, Andrew Gillum obtuvo el cuarenta y nueve por ciento en Florida.

Así que, he aquí una tendencia para los consultores políticos: nos estamos acercando.

VIII

Ansiedad

El superpoder del hombre negro

M e hice mi primer tatuaje al principio de mi penúltimo año en Morehouse. Es un retrato de mi padre sobre mi pecho. Tengo dos cruces tatuadas en la parte posterior del brazo y alas de ángel en cada costilla. Dentro de cada ala están los nombres de mi madre y mi hermana. Del lado derecho del pecho, tengo el retrato de un joven negro estirándose sobre una pared para alcanzar las manos de sus hermanos, con el título: «No es pesado, es mi hermano». Está dedicado a Lumumba.

Tengo los nombres de mis sobrinos tatuados en mi bíceps derecho. Tengo una famosa cita de Einstein en el interior de mi bíceps izquierdo, que dice: «Sólo una vida al servicio de los demás merece ser vivida». Tengo la palabra «Bendecido» tatuada en la espalda, de hombro a hombro.

El nombre de mi hijastra Kai está tatuado sobre mi brazo izquierdo y las iniciales de mi esposa sobre el dedo anular. El árbol de la vida está dibujado sobre mi antebrazo izquierdo. Todo el tiempo susurro a mis dos bebés que los amo y que sus nombres pronto estarán tatuados sobre mi cuerpo.

Sufro de ansiedad, y todos esos tatuajes mantienen a mis seres queridos cerca cada día, confirmándome su amor y dejándoles saber que los amo.

Recuerdo vívidamente la noche caliente de verano en que la ansiedad se apoderó de mí y no me soltó más. Era junio de 1996, tenía once años y estaba andando en mi bicicleta cuando mi madre me llamó para que entrara en la casa. No había anochecido, pero me hizo señas de que entrara porque tenía una llamada. Mi amiga Crystal estaba en la línea. Su padre era entrenador de básquet en la escuela intermedia y su madre era enfermera. Fuimos a la misma escuela primaria, Felton Laboratory, en el campus de South Carolina State College.

Oí su voz al otro lado de la línea que decía:

—Te llamo para que sepas que Al murió.

Todo se acalló, excepto por un silencioso grito interno: ¡Al está muerto!

Llamábamos «Al» a nuestro amigo Alfred McClenan. Estaba un año por delante de mí en la escuela, iba a pasar a noveno grado de la Orangeburg-Wilkinson High School. Solíamos jugar al básquet en la escuela intermedia; no éramos los mejores amigos, pero su muerte cambió mi vida.

A los trece años, colapsó durante el entrenamiento de verano del equipo B de fútbol americano. Después escuché que se había quejado de un dolor en la parte izquierda inferior del torso y se había caído a continuación. Pidió quedarse allí hasta que su madre viniera a buscarlo. Todavía estaba consciente cuando ella llegó, pero luego se desmayó. No volvió a despertarse. El periódico dijo que había tenido un ataque cardíaco.

Comencé a visualizar, como suelen hacer los niños, qué había ocurrido durante esos momentos de su muerte. ¿Estaba caliente o frío? ¿Era como dormirse? ¿Pasó rápido, como en las películas? ¿Se le desvanecieron los recuerdos, la audición, la sensación en las manos y los dedos de los pies y el corazón? Nunca iría a la universidad. Nunca jugaría al fútbol de nuevo. No se graduaría de la secundaria. Nunca se casaría.

Esas ideas gatillaron en mi interior un profundo miedo a la muerte. La mayoría de los jóvenes tiene una sensación de invencibilidad o inmortalidad, pero toda vez que algo la mella a tan temprana edad puede causar problemas.

Sé que eso es lo que me pasó.

Mi madre me condujo al velatorio en Orangeburg-Wilkinson, donde más adelante asistiría a la secundaria. Llegamos después de que el servicio había empezado, así que me quedé parado al fondo del auditorio. Mamá no vino conmigo, pero no me dejó entrar hasta casi el final de la ceremonia. Ahora creo que estaba siendo cautelosa, porque era mi primera experiencia con la muerte y era la muerte de un par, la muerte de un niño.

La hermana mayor de Al dio un discurso muy animado. En el Sur negro y rural no tenemos funerales, sino celebraciones de la vida y la reunión con Dios, según la antigua tradición afroamericana. Recuerdo que su hermana dijo que cuando nació y lo llevaron del hospital a casa lucía como una «linda ranita».

Al final de la ceremonia, caminé por el pasillo hasta el frente y miré dentro del ataúd. La imagen de un chico de trece años con los labios fruncidos, como ocurre cuando el cuerpo ha sido embalsamado, todavía está grabada en mi mente.

Descubrir la fuente de mi ansiedad

Tras la muerte de Al, el verano fue muy duro. De noche sentía que me moría. Apenas podía respirar, me dolía el pecho, tenía ataques de ansiedad que sentía como un gran nudo en el pecho. Ocurría cada noche. A veces lloraba, muchas veces me levantaba, y a menudo no podía dormir durante la noche. De hecho, ese verano dormí mayormente durante el día: jugaba al básquet y luego volvía a casa a recostarme, a menudo al lado de mamá, que luchaba con sus propios problemas de ansiedad.

Mis padres me llevaron a médicos, porque para entonces podíamos costearlo, y fui sometido a un chequeo completo. Pasé por una prueba de estrés, en la que uno corre en una máquina con oxígeno, y descubrí que tenía un soplo en el corazón, pero no era la causa de mis problemas. Luego, me llevaron a un psiquiatra, que me prescribió unos medicamentos. Probablemente era una de las personas más jóvenes que he conocido que tomaba el antidepresivo Wellbutrin.

Los adultos trataban de controlar mis emociones, pero años más tarde comprendí que mis problemas eran probablemente hereditarios. La muerte de Al bien podía haber desatado la ansiedad, pero posiblemente la heredé de mis padres. Estoy casi seguro de que mi padre sufre de una ansiedad que ignora y creo que está ligada a haber perdido tanto durante la era de los derechos civiles. Tantos de sus amigos le fueron arrebatados, vio tanta violencia, experimentó tanto odio. Luego están los fantasmas y las cicatrices de la Masacre de Orangeburg y el hecho de que alguna gente todavía lo culpa por esa violencia. Le digo a la gente que, tras derramar tantas lágrimas, los ojos de mi padre ya no saltan como solían y que sus hombros ya no están tan firmes como antes tras cargar el peso de tantas generaciones. Creo que mi ansiedad también puede estar conectada con la Masacre de Orangeburg, un evento que ha moldeado quien soy tanto como a mi padre.

Mi madre sufre ataques de pánico que la paralizan. Le tiemblan las manos y a veces todo lo que quiere es dormir. Cuando era niño, se pasaba muchos días y horas en la cama. Ella dice que es mucho más que la sensación de estar abrumada: «Es aterrador para alguien como yo» me dice, «porque soy una maniática del control. En medio de un ataque de pánico, no siento ningún control. Lo que hago es retirarme hasta que siento que lo recupero».

Quizás no debería haberme sorprendido al descubrir que mi madre cree que su ansiedad también fue desatada por el trauma que experimentó cuando mi padre fue enviado a prisión varios años después de su casamiento. No solía contarnos nada de esto, pero ahora tiene sentido. Mis padres huyeron de Carolina del Sur y fueron a Greensboro, en Carolina del Norte, antes de que mi padre fuera a prisión porque mis abuelos estaban preocupados por su seguridad. Durante esos años, mi madre vivía en una ciudad extraña con un bebé recién nacido (mi hermana Nosizwe). Su marido estaba encerrado por presuntamente haber instigado una revuelta durante la cual habían matado a tres personas, y el gobernador de Carolina del Sur lo culpaba de todo.

Llamó a sus padres pidiendo ayuda, pero dice que ellos no se mostraron sensibles a su situación. No estaba segura de qué hacer, pero sobrevivió confiando en sus propios instintos. Y, aun así, de acuerdo con mi madre, seguramente estaba en medio de un ataque de ansiedad sin darse cuenta.

«No manejé bien lo del encarcelamiento pendiente de Cleve y lo que le siguió», revela ahora. «No viví una vida que me equipara para imaginar la prisión como algo real. No tenía idea. Tuve a nuestra hija mientras él estaba en prisión... Pasé por el embarazo, y criaba a la niña, y luego resolví cómo íbamos a ir a Columbia y volver para visitar a Cleve en la prisión. Creo que lo que me salvó fue Nosizwe: sin importar lo que ocurriera, tenía que ocuparme de ella».

La capacidad de mi madre para lidiar con todo, a pesar de las dificultades, es testimonio de lo que sufren tantas mujeres negras y la fuerza que demuestran. Pero la ansiedad que se adueñó de mi familia, sospecho ahora, es también testimonio de cómo la lucha por la igualdad nos ha dejado cicatrices de por vida. La Masacre de Orangeburg dejó a mi familia con un padre acusado de un delito, una madre criando a un bebé sin el hombre que amaba y una niña que nació sin su padre. Por supuesto, toda esta presión produjo ansiedad, ¿cómo podía ser de otro modo?

Nosizwe, quien tuvo discusiones terribles con mi madre a lo largo de los años, siempre afirma que papá fue un padre brillante y amoroso, el mejor padre del mundo, pero que probablemente no sabía cómo ser el mejor marido. «Papá decidía las cosas sin mamá», dice. «Creo que sus razones tal vez eran las correctas, pero me doy cuenta de que un montón de cuestionamientos que ella tenía sobre su relación eran muy válidos. Y un montón de cosas que él hizo probablemente lo empeoraron todo».

La ansiedad de mi madre llegaba con cambios de humor, lo que significaba que podía ser una madre dulce, tipo primera dama de la iglesia, por la mañana y luego la más dura y malvada… Me faltan las palabras para describir cuán perturbadora podía ser por la noche. Y luego no podía levantarse de la cama durante días.

No piensen por un momento que estoy diciendo que su salud mental la hacía débil, porque no es así. Sobrevivió y se convirtió en el sostén del hogar durante esos períodos en que el prontuario de mi padre le hacía difícil ganarse la vida.

Pero no podemos fingir que los problemas de salud mental son un mero «la vida no es todo rosas». Más bien es como que la vida es un nido de serpientes, y cuando estás en él no sabes si te vas a encontrar con una culebra o te va a morder una serpiente cascabel. Es así de duro.

Después de que mis padres me llevaron al terapeuta para investigar la causa de mi ansiedad y mis dolores de cabeza, mi sueño prolongado y luego mi insomnio, surgió la teoría, por un proceso de eliminación, de que de verdad temía a la muerte. Me negaba a asistir a funerales y, después de que me empujaran a ello, estoy seguro de que hablé de la muerte de Al.

Por mi cuenta, vinculé muchos de los problemas que tenía con mi madre. Mi relación con ella se volvió particularmente frágil en la escuela secundaria. Pasaba por octavo, noveno y décimo grado con excelentes resultados académicos y sociales. Incluso en la universidad estaba encontrando mi camino en política y madurando y manteniendo relaciones saludables con todo el mundo, excepto con mi madre, lo cual es diferente de lo que ocurre a la mayoría de los hombres negros.

Mi madre y yo éramos muy unidos cuando era chico. Estaba muy pegado a mis dos padres. Pero dado que mi papá siempre trabajaba hasta tarde, mamá y yo solíamos viajar juntos a las convenciones a las que ella asistía. Me leía, jugábamos juegos, nos enseñaba cómo hablar sin usar «emm». Pero más o menos cuando estaba en la escuela secundaria, mi mamá dejó de cocinar. A menudo digo que no ha cocinado realmente desde que los Chicago Bulls se separaron —y eso ocurrió en 1998—. Desde entonces, mi papá se ocupó de la cocina. El comportamiento de ella cambió. No supe cómo lidiar con ello, y no creo que fuera suficientemente fuerte para hacerlo, así que, en respuesta, tomé distancia. Para cuando estaba en la escuela de Derecho pasaba meses sin hablarle porque no sabía con qué me iba a encontrar.

En estos días, mi madre está mejor gracias a hablar con gente y tomar medicación. Y más importante aún, reconoce que tiene un problema psicológico. La gente muy fuerte, muy independiente, a menudo no cree tener una enfermedad de este tipo. No creen que afectan a otros con su manera de ser. Le puede haber llevado tiempo, pero al menos mi mamá ya lo entendió. Y creo que ése es el desafío para todos nosotros, los que luchamos con la ansiedad y las dificultades vinculadas con ella.

Mi propia ansiedad, que en parte se expresa como miedo a la muerte, está relacionada con el trabajo que siento que aún tengo por hacer. Dadas todas las cosas que todavía quiero lograr, la idea de llegar a ese momento último me petrifica. En verdad, aún antes de que Al muriera, había oído mucho sobre la muerte. Durante cada aniversario de la Masacre de Orangeburg, escuché atentamente a las familias hablar sobre el dolor de haber perdido a un pariente y todos los detalles de cómo los mataron. Todo eso quedó grabado en mi cerebro. A mi madre nunca le gustó que asistiera a esos eventos conmemorativos. Ella creía que toda esa charla de asesinatos y dolor no era buena para un niño.. Veía a mi padre llorar sobre el escenario y se volvía a mirar mi carita también empapada de lágrimas al observar a mi papá. «Pura lloradera», recuerda.

Mi padre es mi héroe y me ha pasado su antorcha, pero ¿podía ser el peso de esa responsabilidad también una fuente de mi ansiedad?

El peso de la antorcha

Temo a la muerte, pero también temo al fracaso, que veo como una suerte de pequeña muerte. Cuando eres negro y del Sur, el fracaso no te afecta sólo a ti. Para aquellos de nosotros que hemos tenido la suerte de escapar o abandonar las típicas trampas sociales y tener una plataforma para llegar a otros, el fracaso no es sólo defraudarse a uno mismo, sino también a nuestros propios padres, nuestras propias comunidades, a las damas de la iglesia. Defraudo a la gente por la que estoy cargando la antorcha: aquellos que querían ir a la universidad, pero no pudieron y los ancestros que murieron, toda esa gente que sangró, sudó y se esforzó. El fracaso para un hombre negro del Sur es costoso. Cuando fracasas, no estás defraudando solamente a los Emmett Till del pasado, sino también a los Michael Brown de hoy.

Conozco mi verdad y puedo distinguir el bien del mal. Pero cada error que cometo —incluso cuando fui detenido por el *sheriff* del condado de Chester y acusado de conducir ebrio— es un momento duro, porque siento que estoy defraudando a mucha gente. En ese momento, frente al *sheriff*, aunque no había hecho aquello de lo que me acusaban, me puse en una mala situación en la que podía ser juzgado. Ese arresto fue secreto durante cuatro meses. No podía dormir. No podía comer. Crecía mi ansiedad. Y cuando la historia salió a la luz, tuve que lidiar con ella directamente en público.

Las presiones sociales y políticas pueden causarme dificultades para respirar, pero esto se ha vuelto lo normal para mí: salgo y trato de asegurarme de que otra gente pueda respirar revelándoles mis propios miedos y ansiedades. Sin importar cuán difícil se me torne, he sido bendecido y soy afortunado porque tengo los medios y el apoyo necesarios para ayudarme a lidiar con el estrés. Pero también sé que mucha gente no.

. .

Cuando eres elegido para un cargo público, quieres ser grandioso, legendario, ser recordado por haber cambiado la vida de la gente, por destruir sistemas de opresión, por ser un servidor público, no meramente un político: pero todo ello tiene un precio.

Desde los veinte años he vivido en una vidriera en la que todos pueden ver cada faceta de mi vida. Cuando voy a un restaurante, la gente me mira, escucha mis conversaciones privadas. Los medios reportan adónde fui, qué dije, qué hice, y yo pienso: «Un momento, yo no hice eso». La única profesión que es similar a la política es el ministerio religioso, porque la gente espera de los ministros más de lo que espera de sí misma.

A menudo los jóvenes me dicen que quieren entrar en política. Les pregunto entonces si han oído de una mujer embarazada a medias. Siempre responden «no». Entonces les explico que es lo mismo con la política: no se puede hacer a medias. O estás o no estás. Lo consume todo y habrá muchos altibajos. Les digo: te vas a despertar o ir a la cama a la noche con nudos en el estómago porque no sabes qué traerá el día siguiente, qué dirá la siguiente noticia, o comentario en línea o tuit, qué traerá la próxima encuesta. Les digo: tienes que correr rápido, porque estás corriendo contra tu oponente, y en nombre de mucha gente que ha quedado detrás y, ¿adivina qué?, estás tratando de ganarles la carrera también a tus temores. A veces es agotador, a veces querrás quebrarte y llorar, pero ese miedo, esa rabia, esa furia pueden ser forjados y transformados en motivación: así es como llegas al éxito. Al menos, así es como me convertí en el legislador estatal más joven, y luego en comentarista para CNN.

Trato de ser honesto sobre las presiones que vienen con el hecho de estar en televisión, especialmente si eres una de las pocas personas negras en los servicios informativos de la televisión nacional. Trato de ser humilde, en parte porque la forma en que me ven en televisión es la forma en que verán a muchos otros jóvenes negros, especialmente a los hombres. No puedo tener un día libre. No puedo pararme bajo las luces y no hacerlo bien hoy, porque entonces de ese modo verá mañana la gente —sí, muchas personas blancas de este país— a los jóvenes negros por la calle.

Recuerdo un consejo de mi padre: nunca discutas con un tonto, porque la gente que está mirando no podrá ver la diferencia entre los dos. Así que, cuando estoy en televisión, sé que no puedo cambiar cómo piensa una persona. Sólo trato de hablar a mi audiencia.

Unos años atrás, tuve una conversación interesante con Charlamagne Tha God, la celebridad de radio y televisión. Oriundo de Moncks Corner, Carolina del Sur, Charlamagne pasó de vender drogas a asistir a la escuela nocturna a convertirse en uno de los más influyentes y controvertidos conductores de un programa de radio en el país. Los candidatos presidenciales quieren hablar con él. Es también un gran amigo mío que ha sido franco sobre su propia ansiedad y que ha escrito un libro al respecto. Durante una conversación, un día en el set de su programa de radio *The Breakfast Club*, discutimos sobre lo extendida que está la ansiedad entre los afroamericanos y en nuestras propias familias. «Recuerdo a mi madre tomando pastillas para los nervios» dijo, y me contó sobre sus ataques de pánico: «Sientes que vas a morir».

Le dije que podía hablar con él sobre la política en Israel, el medio ambiente, la política impositiva, pero cuando se trata de mi ansiedad, tartamudeo, porque durante largo tiempo consideré los problemas psicológicos como una debilidad. Creo que muchos hombres negros todavía lo ven así. Incluso hoy, por ejemplo, no creo que mi padre entienda mi ansiedad.

Para muchos hombres negros, la ansiedad tiene sus raíces en una sensación de rabia y furia dirigida contra uno mismo, porque nuestras vidas parecen ser cíclicas: tomando la expresión prestada del rapero T.I., nos encontramos siempre en una trampa proverbial. Entre asistir a escuelas deficientes, sufrir de mala salud y ver a nuestros seres queridos muertos a balazos, sentimos que jamás podremos escapar de ella.

Algo de esa furia y esa frustración proviene de que no se les dice que se los quiere —no son queridos por la sociedad ni por los medios— y de ser retratados como matones y salvajes. Las únicas personas que realmente nos aman son las mujeres negras.

Muchos de mis hermanos tienen dificultades para expresar esa frustración común, porque sienten que no pueden mostrar una debilidad profunda. Se espera que los hombres negros no verbalicemos, fuera de las barberías y los vestuarios, que quizás necesitamos ayuda. Nuestras propias distorsiones sobre la hombría, de algún modo autoinfligidas y que provienen de soportar una carga tan pesada que data de cientos de años, se proyecta como una negación a mostrar debilidad. Y, por supuesto, a menudo esto implica que nuestras emociones se cuecen a fuego lento. A algunos, todo esto los lleva a tomar malas decisiones. Tengo pares que sufren de las mismas cosas que yo, pero las enmascaran con mujeres y alcohol.

Los hombres negros con plataformas públicas como Charlamagne y yo podemos usar nuestra furia, que se expresa como ansiedad, del mismo modo en que los superhéroes usan sus poderes, como una fuerza para el bien. Un dicho popular reza: «La presión rompe los caños, pero hace diamantes». Podemos usar esa rabia para estar conscientes en este país y entender los sistemas de opresión que nos rodean a fin de reconstruir nuestras comunidades. Reconstruir una comunidad blanca y una comunidad negra son dos cosas totalmente diferentes. Como la población negra ha sido privada de todo, tenemos que reconstruir nuestras comunidades mental, física, espiritual y económicamente. Así que lo más poderoso que podemos hacer, y la forma en que vivo mi vida, es convertirnos en ejemplo.

Hay una fotografía de 2009 de un niño de cinco años, elegantemente vestido, cuyo nombre es Jacob Philadelphia, parado en la Oficina Oval mientras el presidente Obama se inclina para que pueda tocarle el pelo. Jacob quería saber si él y Obama tenían el mismo corte. Es la imagen más poderosa que Obama envió a la comunidad negra, porque enseñó a los pequeños de todo el mundo que también ellos pueden ser líderes del mundo libre. Cuando lideramos con el ejemplo, fertilizamos el terreno para las generaciones que vendrán.

Sí, yo quiero fijar altas expectativas. Actualmente, en nuestra comunidad, tenemos una cultura de bajas expectativas: lo malo de ello es que uno recibe lo que espera. Por eso, me aseguro, cuando regreso a esas comunidades, en el Sur pobre y rural o en el centro urbano de Los Ángeles, de intentar ser un ejemplo de excelencia.

Los investigadores dicen que mi generación, sin importar raza o género, es la más angustiada de la historia. Al menos, somos los más medicados. Como ninguna otra generación antes que nosotros, los *millennials* tenemos miedo de la muerte y el fracaso. Hemos visto morir a nuestros amigos en guerras sin sentido; hemos visto al mundo que apenas empezábamos a conocer cambiar ante nuestros ojos después del 11 de septiembre de 2001. Hemos visto al mundo volverse más mezquino y frío. Hemos visto hombres negros baleados una y otra vez en las calles por gente que se suponía que debía protegerlos. Hemos visto a mujeres contar sus experiencias traumáticas, confrontar al poder con la verdad y pelear contra una cultura que las ha perseguido y ha manipulado sus cuerpos.

En 2003, tres jóvenes de Orangeburg murieron en las guerras de Afganistán e Irak. Uno de ellos, Darius Jennings, amigo mío de la escuela secundaria, murió seis meses después de llegar. Un misil portátil tumbó el helicóptero que lo transportaba junto con otras treinta personas sobre un sitio peligroso en Fallujah. Elaine Johnson, su madre, ha sido una devota seguidora mía, pero puedo sentir el dolor en su voz mientras lleva en alto, orgullosa, la causa de su hijo. Jamás habló de él en tiempo pretérito hasta hace poco, mientras pasaba doce días en Fallujah. Pienso en cómo ella guio a su hijo fuera del Sur rural y pobre, e imaginó su futuro brillante. Así que yo vivo por Darius.

Somos una generación que siente el dolor de tener que vivir por todos los que nos dejaron tan pronto. Cuando me gradué de la universidad, lo hacía por Darius y por muchos otros, y cuando me casé, me casé por ellos también. Todos los momentos de la vida que experimento hoy también los experimento por ellos.

Sufrir de ansiedad jamás me ha impedido realizar lo que debía, porque la ansiedad está enraizada en el miedo a no ser suficientemente bueno, así que siempre quiero ser mejor. La gente puede dar un gran discurso o llevar adelante una brillante campaña política, pero aun así sufrir de una ansiedad profunda. Como cuando era más joven, hay muchos momentos en mi vida en que no puedo dormir. Muchos días, simplemente me preocupo.

A veces siento como que quiero vomitar en la mañana, o siento arcadas, pero no sale nada. Siento calor, sudo y estoy agotado: mi mente corre a un millón de kilómetros por hora. Me preocupo por lo que vaya a ocurrir a continuación.

Pero entonces me pregunto: ¿de qué tengo miedo? Y entonces llega el valor, la única cosa de la que nadie se arrepiente jamás.

Convertir la ansiedad en fuerza

Mi madre dice que la razón por la que estoy más indignado con lo que pasó en febrero de 1968 que mi padre, quien lo vivió, es porque veo la Masacre de Orangeburg como la cosa que hirió a mi héroe. Hay algo de verdad en ello. Pero la presión que siento por lo que pasó no es sólo la presión de vivir por esos jóvenes hombres negros inocentes que murieron durante la masacre, antes de que yo naciera, sino por aquellos que han muerto a lo largo de mi vida.

Después de que perdí la elección para vicegobernador, estuve un poco perdido, porque lo había dado todo. Y una de las cosas muy arriesgadas que hice al principio de la campaña fue anunciar que iba a renunciar a mi puesto en la Cámara de Representantes. No tenía por qué hacerlo, podía haberme postulado para los dos cargos, pero quería que la gente confiara en que lo estaba apostando todo. Iba a ser el primer funcionario negro elegido a nivel estatal desde la Reconstrucción. Quería que la gente confiara en que lo iba a dar todo por ellos. Lo hice y fui derrotado.

Y luego vino el terrible verano de 2015.

Todo aquello que defendía y todo aquello que fui educado a hacer —vivir por quienes no pudieron y continuar el trabajo que mi padre y todos mis «tíos» y «tías» comenzaron durante la era de los derechos civiles— fue sometido a prueba. Tuve que enfrentar mis miedos a la muerte y al fracaso del modo más trágico. Pero esos miedos y ansiedades me motivaron a hacer lo que fui criado para hacer: hablar por los que no pueden hablar, ser el ejemplo vivo que ellos no tuvieron la oportunidad de ser, defendernos.

IX

La voz de los que no tienen voz

Enojo y ansiedad

Estamos consentidos políticamente en Carolina del Sur, porque albergamos las primeras elecciones primarias del sur, lo que implica que podemos encontrarnos con todos los candidatos presidenciales apenas salen de gateras. En la noche del 17 de junio de 2015, asistí a un evento para recaudar fondos para la campaña de Hillary Clinton en Charleston. Había sido organizado por el célebre abogado Akim Anastopoulo y su esposa Constance, y era junto al agua, justo donde los barcos entran en la East Bay. La casa era hermosa, y naturalmente admiré su cancha de básquetbol. Todos los demócratas importantes del estado se encontraban allí. Hablé con el exgobernador Jim Hodges y con el alcalde de Columbia, Steve Benjamin. Me acompañaban Jill Fletcher, mi recaudadora de fondos, y su madre, Candy. Por supuesto, todos estábamos allí para ver a Hillary.

Al final del evento, alrededor de las nueve de la noche, pregunté a Benjamin y a su chofer, un agente de policía de Columbia, si Ike podía seguirlos en su auto. Cuando volvíamos a la calle Meeting, que se convierte en la autopista I-26, advertimos algo extraño. Ambulancias, patrullas de policía y otros vehículos de distintas agencias de la ley nos pasaban a toda velocidad en dirección opuesta —una confusión de luces, sirenas y autos de policía que parecía seguir durante kilómetros y kilómetros—. Luego descubrí algo estremecedor en Twitter: «Nueve personas muertas en una iglesia de Charleston».

Necesitaba saber qué había ocurrido. Llamé a Jill y Candy, a quienes recién había dejado cenando en Hall's Chophouse.

—¿Están bien? —les pregunté.

—Nosotras sí —respondió Jill—. Pero parece que cerraron el acceso a la ciudad.

Entonces recibí una devastadora llamada de Tyler Jones, amigo y miembro del *caucus* demócrata del estado.

—Hubo tiros en la Iglesia Mother Emanuel y le dispararon a Clem —me dijo.

La última vez que lo había visto fue en esa reunión con pescado frito y sémola unos siete meses antes, cuando había visitado la iglesia con Vincent Sheheen, que entonces competía para el puesto de vicegobernador.

Comencé a hacer llamados y averigüé que, en efecto, nueve personas habían sido baleadas en Mother Emanuel y muchas habían muerto, pero no pude descubrir cuáles. Ubiqué a Kelvin Washington, alguacil federal, y hablé con el fiscal general del estado, Alan Wilson. Creo que me mantenían informado porque era posible que, como candidato importante para un cargo estatal, los medios me llamaran para comentar lo ocurrido.

Enseguida, para nuestro horror, supimos que nueve afroamericanos habían sido asesinados por un supremacista blanco de veintiún años llamado Dylann Roof. Al entrar en la iglesia, más temprano esa misma noche, había sido bienvenido con calidez e invitado a unirse a la sesión de estudio de la Biblia. Preguntó por Clem y se sentó junto a él. Después de casi una hora, cuando todos cerraron los ojos para la bendición, comenzó a disparar su pistola Glock calibre .45. Primero le disparó a Clem y luego a otros, incluso le pegó once tiros a una mujer de ochenta y siete años. Cuando casi todo el mundo estaba ya herido o muerto, Roof seguía disparando.

Ese miércoles por la noche todavía no sabíamos nada de esto. Tampoco que la esposa de Clem, Jennifer, había estado en su oficina con su hija de cinco años y probablemente seguía escondida cuando vi llegar a los primeros equipos de rescate. En los días siguientes, supimos por su primo que Jennifer oyó los disparos y se escondió con la niña debajo de un escritorio. «No digas nada» le pidió, y le puso las manos sobre la boca.

Luego comenzamos a oír rumores de un sobreviviente. Más tarde, supimos que el asesino se acercó a Polly Sheppard, una enfermera retirada, y le preguntó: «¿Ya te disparé?». Cuando Polly le dijo que no, él le respondió que la iba a dejar viva para que contara lo ocurrido.

Pero a medida que el atardecer del 17 de junio oscurecía, la historia todavía era un misterio por develar. Y, aunque pueda sonar absurdo ahora, al principio no sabíamos que se trataba de un crimen de odio. Todo el mundo estaba todavía tratando de procesar lo que ocurría. En parte, creo, estábamos en *shock*. Los medios nacionales, que ya estaban en la ciudad por Hillary Clinton y por los candidatos republicanos que estaban llegando al estado, clamaban por información y, como el resto del mundo, por respuestas. La ciudad no tuvo tiempo de acomodarse, así que fuimos anegados por el tsunami de la prensa nacional.

Malcolm Graham, exsenador de Carolina del Norte y autoproclamado adicto a las noticias, me dijo que estaba viendo MSNBC cuando advirtió la leyenda en su pantalla, alrededor de las nueve y media de la noche. Su familia había asistido a la Iglesia Emanuel de la AME a lo largo de seis décadas. Oriundo de Charleston, Malcolm vivía ahora en Charlotte, pero a menudo visitaba la iglesia donde él y sus cinco hermanos habían crecido cantando en el coro y asistiendo a los cursos de los domingos en el sótano, justo donde acababan de ocurrir los asesinatos. Su hermana, Cynthia Graham Hurd, seguía muy involucrada en el grupo de la iglesia.

«Automáticamente tomé el teléfono y llamé a Cynthia», me dijo. «Aunque he vivido en Charlotte, ella era mi conexión con todo lo que pasaba en Charleston. Llamé para saber qué demonios ocurría y nadie respondió. Así que me dije, bueno, ya sabes cómo es Cynthia, siempre está en medio de las cosas tratando de saber qué ocurre, de enterarse, y ya me llamará. Pero pasó una hora y no me llamó».

Eso lo perturbó, porque usualmente, en caso de emergencias, ella llamaba para decir que estaba bien. Varias horas más tarde, su sobrina lo llamó para decirle que nadie podía encontrar a la «tía Cynthia» y que creía que había estado participando del grupo de estudio de la Biblia. En ese punto, Malcolm supo en su interior que ella estaba en la iglesia e involucrada de algún modo. Y no quería recibir la mala noticia por la prensa. Para ayudarlo, tenía un amigo que había sido jefe de la Policía de Charlotte. «Me hizo saber que los que habían logrado salir de la iglesia habían identificado a Cynthia entre quienes se habían quedado dentro. Antes de que se supiera públicamente, antes incluso de que lo supiera mi familia, supe por ese jefe de Policía de Charlotte que mi hermana había sido identificada como una de las personas baleadas. Fue demoledor».

Historias similares ocurrían por todas partes a medida que familiares oían los relatos de los sobrevivientes o trataban de dilucidar si uno de sus seres queridos había logrado salir con vida. Muchos se enteraban de estos horrores por las noticias. Cuando Ike me llevó a casa, recibí un llamado de Jerome Heyward, un activista que es como un hermano mayor para mí. Estaba llorando: «¡No puedo creer que alguien tiroteó la Mother Emanuel! ¡No puedo creerlo!».

Mis lágrimas comenzaron a caer en el momento en que

salí del auto y me paré en la entrada de nuestra casa. Llamé a mis dos más importantes mentores: Pete Strom, fundador del bufete para el que trabajaba y, por supuesto, a mi padre. Pete ya se había ido a dormir, así que su esposa me preguntó si era una emergencia. Puede que haya logrado decir: «Le dispararon a Clem en una iglesia». Despertó a Pete de inmediato y, como todo el mundo esa noche, pusieron las noticias. Sabiendo cuán cercano era yo a Clem y lo sensible que soy por naturaleza, Pete me consoló y me repitió que, de algún modo, todo estaría bien.

También mi padre me orientó con tranquilidad. Aun sin saber qué había ocurrido, entendía que Clem había sido baleado sin ninguna razón y me explicó que tenía que prepararme para lo que debía hacer, que era pensar con claridad, tratar de hilar lo que había ocurrido y hablar por aquellos que no podían hablar por sí mismos.

Cuando llegué a casa, abracé a Ellen y lloramos juntos.

Le dije que tenía que regresar a Charleston al día siguiente. No sabía qué iba a hacer, pero sentía que tenía que estar allí. Logré completar una emotiva entrevista esa misma noche con WIS-TV en Columbia, me serví un poco de Jameson en una taza y me fui a la cama con el corazón roto. Me desperté, empaqué y terminé quedándome en Charleston por dos semanas.

· ·

Ese jueves, los vehículos de los medios bloqueaban la cuadra entera de la iglesia en la esquina de las calles Meeting y Calhoun. Los canales de televisión habían montado tiendas blancas donde se instalaron con sus equipos. Me pregunté si entendían la ironía de lo que acababa de ocurrir en la calle Calhoun. La calle que pasa por las escalinatas de la Iglesia Mother Emanuel lleva el nombre de John C. Calhoun, vicepresidente de John Quincy Adams y Andrew Jackson y propietario de esclavos sin remordimientos que defendió vigorosamente la esclavitud por lo que recibió el apodo de «John C. kill a coon*».

Otras calles que conducían a la hermosa iglesia blanca estaban llenas de flores dejadas por manos anónimas. Preciosos centros conmemorativos improvisados se alzaban frente la iglesia. Gente de todo tipo venía al barrio a rendir homenaje a los muertos.

Me paré cerca de las tiendas de los medios con Todd Rutherford, líder de la minoría en la Cámara de Representantes del estado, quien también es afroamericano. Había fotos de Columbia, nuestra capital, en todos los canales de noticias. Las banderas ondeaban a media asta, excepto por la bandera confederada. Nos quedamos como ¡¿qué?! Llamamos a Patrick Dennis, por entonces consejero legal en jefe del comité judicial de la Sala de Representantes. «Ya saben que no se puede arriar», nos dijo. «Es una ley del estado».

Hay que reconocer que la entonces gobernadora Nikki Haley, cuyos padres son sij-indioamericanos, quería arriarla,

---

* NdT: «John C. mató a un negro», que en inglés suena parecido a «John C. Calhoun». El término «coon» es una manera despectiva de referirse a los afrodescendientes.

pero no podía hacerlo sola. Necesitaba el voto de dos tercios de los legisladores del estado.

Para entonces habían empezado a aparecer fotos de Dylann Roof envuelto en la bandera confederada. Comenzamos a resaltarlo en las entrevistas por televisión. Algo más nos chocó: se acercaba el Día del Padre y las dos hijas pequeñas de Clem no podrían hacerle el desayuno a su padre. Esto me conmovió mucho, tanto que, cuando lo mencioné durante una entrevista en Al Jazeera America, me quebré.

—Sé que ha sido un día muy largo —dijo el presentador, sorprendido ante mi súbita incapacidad de seguir hablando. No podía contener las lágrimas. Sólo podía pensar en las hijas de Clem.

El periodista y su audiencia podían ver a adultos y niños depositando flores en los altares improvisados a mi espalda, lo que obviamente lo llevó a preguntar:

—¿Qué les decimos a los niños?

Inspiré profundo.

—No estoy seguro de saber la respuesta —dije, y añadí—: lo que podemos decirles es que podemos mejorar, debemos mejorar y que mejoraremos.

Se suponía que debía ser una entrevista corta y rápida, pero de todas las que di en esas dos semanas, esta fue la que se viralizó y fue vista en todo el mundo.

La gente se refería a los asesinados como «Los Nueve de Emanuel», pero en Carolina del Sur sabíamos que había mucha más gente destrozada por el ataque. Por ejemplo, la familia de Malcolm. De entre seis hijos, Cynthia, de cincuenta y cuatro años, era la cuarta y la mayor de las mujeres. Además de cinco hermanos, tenía sobrinos y otros parientes cercanos, todos de duelo por su muerte. Había sido la bibliotecaria de la Charleston County Library durante treinta y un años y trabajado a tiempo parcial durante dieciséis en otra biblioteca regional. Tenía años de relación con sus colegas, y era tan parte de la comunidad que dos días después de los asesinatos se realizó una sesión extraordinaria del consejo del condado de Charleston con un solo tema en la agenda: rebautizar la biblioteca donde trabajaba con su nombre. Ahora se llama Cynthia Graham Hurd/St. Andrews Regional Library.

La familia de Malcolm había sido parte de la Mother Emanuel durante seis décadas; sus padres estaban enterrados en el cementerio de la iglesia, como lo estaría Cynthia. Su vida había tocado a cientos, si no miles, de personas. Multipliquen esa pérdida por nueve.

Los medios le resultaron tan invasivos, que Malcolm se sintió obligado a tomar una decisión más o menos rápida. La noche en que descubrió que Cynthia era una de los nueve asesinados, resolvió contar su historia y explicar lo que ella pensaba y en qué creía. «He aquí una dama que tenía gracia y dignidad, asesinada en una posición fetal bajo una mesa», me dijo. «Decidí que merecía tener voz y no ser recordada únicamente como una víctima».

Sin disminuir el hecho de que las nueve personas murieron juntas, Malcolm pensaba que su hermana era un individuo, con esperanzas, sueños, aspiraciones y una forma de pensar por la que él quería que la recordasen. «Encontré consuelo en el hecho de que no hubiera muerto sola. Si eso tiene sentido. Pero ella también fue una persona que tuvo un gran impacto y que merecía destacarse por sus propios méritos».

· ·

Mientras estábamos fuera de la Mother Emanuel, algunos comparamos la tragedia con el atentado en la maratón de Boston, después de la cual el gobernador de Massachusetts, Deval Patrick, declaró, con toda razón, un cierre voluntario de los accesos a la ciudad mientras siguiera prófugo uno de los atacantes. Esto nos hizo preguntarnos por qué el alcalde de Charleston, Joe Riley, y el jefe de la Policía, Greg Mullen, no habían hecho lo mismo. Pero al final comprendimos y apreciamos la infinita sabiduría que habían tenido.

La mañana posterior a los asesinatos, la Policía dio a conocer el vídeo de Dylann Roof entrando en la Mother Emanuel. Todo —desde su corte de pelo tipo taza a su camiseta gris al auto negro que conducía— se veía perfectamente. El vídeo estaba en todos los canales de televisión y era compartido en todas las redes sociales. No habían pasado más de veinticuatro horas después del ataque cuando el *alguacil* federal Kelvin Washington condujo hasta la iglesia, bajó la ventanilla de su auto y nos gritó a Todd y a mí: «¡Lo tenemos!».

Más temprano ese mismo día, una florista de Shelby, Carolina del Norte, a unas cuatro horas de Charleston y muy cerca de Charlotte, advirtió a un joven que conducía un pequeño auto negro exactamente igual al que había visto en las noticias. Anotó el número de la patente y llamó a la policía.

Todd y yo repetimos a la multitud lo que Washington nos había dicho. Fue una sensación increíble. La atmósfera fuera de la iglesia era tensa, pero cuando la gente se une para conmemorar vidas y para luchar contra una injusticia brota cierto júbilo.

La florista, Debbie Dills, se negó a que la celebraran como a una heroína. «No fui yo», declaró a *The Today Show*. «Fue Dios. Me usó como vehículo».

Confrontar al poder con la verdad

Sin dudas, yo quería vivir para dar voz a Clem y a las otras víctimas de este horrendo crimen, como mi padre, quien quiso vivir por Emmett Till. En Charleston, también yo me convertí en un vehículo, tirando adelante sólo porque esperaba que el mañana pudiera ser mejor.

Durante los primeros días tras la tragedia, la presentadora de CNN, Kate Bolduan, me planteó algunas preguntas difíciles. Fue cortés y amable, pero era un ejemplo de la danza que todos teníamos que bailar, cuidándonos de no decir algo que pudiera angustiar a las familias de las víctimas, pero a la vez confrontando al poder con la verdad. La dos primeras preguntas de Kate fueron por qué Dylann Roof eligió a estas personas y por qué a esta iglesia.

¿Por dónde se empieza siquiera a intentar responder a la primera? ¿Por qué las personas negras han sido sometidas a un torrente de violencia desde el mismo momento en que el primer africano puso pie en estas costas? Hoy es la Mother

Emanuel, pero en 1963 fue la bomba en la Iglesia Bautista de la Calle 16 en Birmingham, donde murieron cuatro niñas. En 1968 fue la Masacre de Orangeburg. Tristemente, aún más similar a lo sufrido por la generación Emmet Till de mi padre, es el síntoma de los excesos policiales y de quienes se organizan para defender la matanza injustificada de la gente de color. Como esos agentes con cascos blancos en Orangeburg, Dylann Roof consideró menos que humanas a las nueve personas que mató en la iglesia. Oímos rumores. Amigos y parientes de Roof contaron a los medios que él creía en la segregación, que los afroamericanos estaban violando mujeres blancas, y que la población negra estaba conquistando el mundo.

La segunda pregunta de Kate, por qué esta iglesia, me dejó pensando. Cada vez que lastiman a una iglesia negra, tocan el corazón de quienes somos, nos parten al medio. Fue por eso que atacaron la Iglesia Bautista de la Calle 16 en Alabama, y, probablemente, fue por eso que Dylann Roof entró en la Mother Emanuel.

Aun así, ¿por qué eligió la Mother Emanuel? Establecida en 1816, Emanuel es la iglesia AME más antigua del sur profundo y tiene una de las congregaciones más negras al sur de Baltimore. Fue cofundada por Denmark Vesey, un exesclavo educado que siempre admiré, el cerebro de una gran revuelta de esclavos. Cuando los terratenientes blancos descubrieron sus planes, quemaron la iglesia. Después de que Vesey fuera capturado y colgado, en 1822, su hijo la reconstruyó.

Hay un vídeo de Clem, en 2013, hablando sobre la historia de la iglesia a un grupo de visitantes, en su mayoría blancos. Aunque todavía no había llegado a los cuarenta, tiene la elegancia y los modos de alguien mucho mayor. Su profunda voz de barítono tiene el registro perfecto, calmado y amable cuando dice: «Este es un lugar muy especial, porque esta iglesia —y este sitio, esta zona— ha estado enlazada con la historia y la vida de los afroamericanos desde principios del siglo diecinueve».

Cuando pide cortésmente al grupo que inclinen sus cabezas para rezar, te rompe el corazón, porque sé que eso mismo fue lo último que hizo antes de morir.

La iglesia fue siempre una fuerza de cambio social. Booker T. Washington y Martin Luther King Jr. hablaron en la Mother. También es parte de la poderosa organización de la AME. Para hacerse una idea del alcance de la AME, basta pensar que, si yo fuera gobernador de Carolina del Sur y el sueño de Clem de convertirse en obispo de la iglesia se hubiera realizado, él habría tenido más influencia que yo en el sur.

Yo no quería evadir las preguntas de Kate. Sin embargo, parecía que de un momento a otro descubríamos un nuevo giro en la historia. Además, la gente estaba muy cansada: muchos de nosotros no habíamos dormido y otros todavía no podían creer lo que había ocurrido. Así que, si bien su pregunta era importante, inmensamente importante, no era mi prioridad en ese momento. Señalé algo perturbador que era también un testimonio de cuán frescas estaban nuestras heridas. Justo detrás de donde estaba parado se hallaba el estacionamiento de la iglesia. Los automóviles de la gente asesinada la noche anterior todavía seguían allí.

Decidí responder a la pregunta. «Creo que este señor estaba lleno de odio» le dije. Expliqué también que no podía entender cómo alguien de sólo veintiún años, nacido en los noventa, podía tener la misma mentalidad, la misma perspectiva que los racistas de los cincuenta y sesenta. «Necesitamos dilucidar las respuestas a los "por qué"», dije. «Pero, por el momento, estamos abrazándonos, cuidándonos, queriéndonos y rezando».

La gobernadora Nikki Haley creía que Roof debía recibir la pena de muerte y Kate quería mi opinión al respecto. Era una pregunta muy difícil para un político. La verdad es que tengo un serio problema con la pena de muerte y así se lo dije. Afecta desproporcionadamente a los afroamericanos. Como abogado, argumenté, soy muy consciente de que los testigos mienten y a veces se descubre evidencia de ADN que exonera a alguien décadas más tarde. Pero si hubiera un individuo que mereciera la pena de muerte, sostuve, sería Roof, que atravesó las puertas de Mother Emanuel lleno de odio.

Kate preguntó si había visto a Jennifer, la esposa de Clem. Le dije que no, que le estaba dando su espacio. Pero cuando las cámaras se fueran, agregué, todavía estaríamos aquí con ella y con todas las familias de duelo.

La furia no es un pecado

Estuve en casi todos los canales de televisión, excepto Fox News. No tenía interés, ni tiempo, para dejar que algún presentador de Fox News me atacara por lo que pienso sobre el racismo o lo que considero racista. Los medios me pedían que hablara por las víctimas de la iglesia, por sus familias y que intentara responder qué significaba todo ello. Yo estaba furioso y triste, y no tenía todas las respuestas, pero iba a dar lo mejor de mí por aquellos que no podían hablar por sí mismos.

Mientras seguía pensando en la pregunta de «por qué nosotros», comprendí que en el fondo sabía la respuesta. Es simplemente por nuestro color de piel. Ésta ha sido la respuesta durante cuatrocientos años. La pregunta que le sigue es: ¿por qué los blancos se sienten tan ofendidos por la piel oscura? El color de la piel no tiene valor en sí mismo. No quita ni agrega cosa alguna a las capacidades, al corazón o a la humanidad de una persona, del mismo modo en que no lo hacen el color de los ojos o del cabello. Entonces, ¿por qué la gente de piel oscura ha sido despreciada y aterrorizada durante siglos hasta hoy? ¿Por qué hemos sido esclavizados durante doscientos cincuenta años? ¿Por qué tantas iniciativas públicas para apoyar a los exesclavos, desde los tiempos de la Reconstrucción, estaban mal hechas? Algunos dicen que fue por miedo, odio o incluso celos, pero ¿importa realmente el por qué? Considerando lo que hemos pasado, cuánto nos han oprimido y durante cuántos siglos, es extraordinario que continuemos luchando y que sigamos siendo tan fuertes. Lo que hemos pasado nos ha causado ansiedad y un gran estrés, pero hemos convertido el dolor en fuerza. Le dije todo esto a todo aquel dispuesto a escuchar.

Por ejemplo, el movimiento Black Lives Matter me pidió

que hablara durante una manifestación que se organizó en Charleston. Había preocupación por la seguridad, así que decidimos realizar la marcha durante el día. Recordé lo que mi padre me había advertido alguna vez: «La gente hace cosas al amparo de la oscuridad que de otro modo no haría».

Mi discurso fue breve, pero sabía que quería que tuviera una cadencia rítmica y que fuera algo que la gente pudiera sentir. Cité una canción de góspel, pero la mayoría de las palabras brotaron rápidas y furiosas, directamente del corazón. «Quiero que todo el mundo sepa que este terrorista no ganó. Pero no estamos aquí por eso. Estamos juntos, con los brazos unidos, o de rodillas, la cara al sol naciente, rezando a nuestro Señor y diciéndole que no nos doblegarán, que nos pondremos de pie».

A veces uno es arrojado a un momento. Durante algunas entrevistas, no estaba listo para televisión, sino bañado en sudor por el sol de Charleston. A veces me invadían la tristeza y la ansiedad. Pero seguí adelante porque mi gente, nuestra gente, necesitaba una voz, lo que me lleva de regreso a Malcolm Graham.

Nadie necesitaba hablar por Malcolm. Los medios lo buscaron no sólo porque era el hermano de una de las víctimas, sino porque era un expolítico elocuente, alguien que podía decir la verdad. Después de la tragedia, hablamos muchas veces, usualmente después de haber compartido un panel. Hablamos sobre nuestra furia y nuestra frustración.

«Lo que me ponía más furioso» me dijo, «no era que mi pérdida o la de algún otro fuera mayor que las demás,

sino que ciertos parientes dijeran dos días después del asesinato que perdonaban a este asesino. Estaba más que furioso,
porque apenas dos días después de que este tipo hiciera la
cosa más espantosa del mundo, lo perdonaron».

Conocía los medios, por lo que sabía que el «tópico del
perdón» sería transmitido a nivel nacional y global, y que
la gente confundiría perdonar al asesino con la idea de una
comunidad unida conmemorando las vidas perdidas y enten-
diendo la humanidad detrás del episodio.

También sabía que «ofrecer la otra mejilla» tenía una
connotación religiosa para nuestras generaciones mayores.
Malcolm entendía que las familias tenían el derecho a dar
esa respuesta, pero lo ofendía. Al recordar conversaciones
que tuvo con su hermana sobre la raza, la justicia y la discriminación, dice: «Cynthia hubiera dicho: "No, ¡ni loca!
No podemos perdonar esto ahora. Tenemos que condenarlo.
Porque lo que ocurrió en esa iglesia no fue sólo un crimen
contra los que estaban allí y los que fueron asesinados, fue
un crimen contra una raza, un crimen contra la humanidad
y un crimen contra la iglesia cristiana. Esas cosas no pueden
ser perdonadas"».

Malcolm y yo conectamos porque él sabía que yo usaba
mi voz pública para continuar contando la trágica historia
de mi padre y de las víctimas de la Masacre de Orangeburg.
Sabía que yo entendía su punto de vista. «Bakari fue capaz
de formularlo de tal modo que cuando lo vi hablar sobre el
incidente en televisión, entonces y ahora, me dije: "Sí, eso es
lo que quería decir. Ésa era la idea"».

Creía que yo entendía la complejidad de la situación con la que lidiaba, la furia que le burbujeaba dentro. Y yo entendía por qué estaba enojado, pero no tenía mayor control que él sobre mi propia furia.

Siempre le digo a la gente que el presidente Obama bien puede haber tenido los sueños de su padre, pero yo heredé la furia del mío. Y si alguien se había ganado el derecho a estar furioso, creí siempre, era ciertamente mi padre. Cada vez que me enojaba de niño, o incluso de adulto, llamaba a mi padre para desahogarme y él siempre me recordó que esa furia, aun si justificada, no era suficiente.

Jamás es un sustituto para un plan.

· ·

Mi padre y yo compartimos una entrevista justo fuera de la Mother Emanuel con Melissa Harris-Perry de CNN. «Tengo treinta y mi padre setenta», dije. «No deberíamos compartir las mismas experiencias: enterrar a nuestros seres queridos. Es traumático y tiene que cambiar. Debemos dar un nuevo rumbo a la historia».

El atentado me traumatizó y enfureció, lo cual creo quedó reflejado en mis entrevistas con Al Jazeera America y con Melissa Harris-Perry. Estaba furioso por la situación, furioso por dónde estábamos y furioso de que alguien hubiera arrebatado a Clem de su familia. La tragedia me hizo comprender que cuando alguien pregunta qué tan lejos han llegado los afroamericanos, política y socialmente, la respuesta es: no lo suficientemente lejos, carajo, no estamos donde tenemos que estar. Estamos muy lejos de cualquier cima. Esto no significa que el trabajo de mi padre en los sesenta haya sido en vano, sino que la tierra arada entonces era probablemente más dura de lo que cualquiera hubiera imaginado.

Diez días después del atentado en la Mother Emanuel, fui entrevistado por Martha Raddatz, quien ese día conducía el programa *This Week* de la cadena ABC. Me senté fuera de la iglesia con el legislador Carl Anderson y con Martha. La conversación se dirigió muy pronto hacia el tema de la bandera confederada.

«Nuestro buen amigo Clementa Pinckney va a yacer en la rotonda del capitolio a menos de treinta metros de la bandera confederada, que va a flamear en lo alto con la menor brisa», dije. «Y esa bandera, puede que no haya matado a Clementa, pero le dio a su asesino y a otros como él una divisa bajo la cual justificar sus acciones. Y para mí, eso es quizás peor».

Después de la entrevista, tomé una taza de café y recibí una llamada privada de CNN preguntándome si estaba dispuesto a ser comentarista sobre temas de raza y derecho durante el resto del año. Honrado por la oferta, sabía que tenía la oportunidad de realizar mi propósito en la vida: ser la voz de mi comunidad. Soy político y abogado, pero me convertí en comentarista ese día. Comencé a intervenir en los temas que me importan a toda hora, a veces con Anderson Cooper, Chris Cuomo o Alisyn Camerota.

La plataforma internacional de CNN me permitió dar mayor potencia a las palabras de Clem, presentar su visión y hablar por él y por muchos otros. Un ejemplo de ello es cuando me pidieron que fuera copresentador con Don Lemon el día en que arriaron la bandera confederada en Carolina del Sur. Nos colocamos justo donde sería retirada de la Legislatura.

La gente siempre se siente contrariada cuando digo que fue un acto de coraje político de la entonces gobernadora Haley, quien encabezó los esfuerzos por quitar la bandera. Y fue gracias a sus esfuerzos, junto con los de activistas como Bree Newsome, que la Asamblea General, después de un apasionado debate, votó por hacer lo correcto y sacar la bandera de la Legislatura. Pero la verdad es que, el día anterior a la masacre de Charleston, tendrías que haber sido un tonto para creer que la bandera iba a ser arriada alguna vez. Costó nueve muertes que la retiraran, pero el gobernador y el resto de mis colegas hicieron lo correcto, aunque otros escondieron la cabeza en la arena. Como Henry McMaster, mi rival para el cargo de vicegobernador, que no podía ser encontrado por ninguna parte.

El día en que arriaron la bandera, el 10 de julio de 2015, gente de todas las razas comenzó a converger en el área de la Legislatura, en Columbia. Para las nueve y media de la mañana, miles de personas abarrotaban las calles para una ceremonia que llevaría apenas unos minutos. Me sentí orgulloso al ver a mis excolegas, todos legisladores, alinearse con sus familias en la escalinata del edificio. Aprecié las declaraciones honestas del senador Larry Martin y del senador Tom Davis, quienes confesaron que sólo recientemente habían llegado a entender cuán ofensiva era la bandera para tantas personas.

A las diez y ocho minutos, agentes de la Highway Patrol del estado comenzaron a bajar la bandera y una enorme multitud estalló en aplausos y gritos de «¡USA!».

Don Lemon y yo estábamos justo allí, a poco más de veinte metros de distancia. Compartimos unas lágrimas y un choque de palmas. Para añadir un poco de humor a un momento tan serio, cité al gran poeta y rapero norteamericano Flo Rida: *It's going down for real* («Está ocurriendo de verdad»).

Interpreté la remoción de la bandera como un claro triunfo de los derechos civiles. No era como cuando mi papá se sentó junto al Dr. King y el presidente Lyndon Johnson después de que se promulgara la Ley de Derechos Civiles de 1964, pero fue histórico. Sentí que podía respirar de nuevo.

El odio se llevó nueve vidas en la Mother Emanuel, pero transformó a una comunidad y un estado. Sin embargo, es indignante pensar que todavía tenemos tantos problemas con los que lidiar en Carolina del Sur. La gente quiere que diga que arriaron la bandera y que por ende lo logramos, pero de los problemas con la educación, a la falta de agua potable a las mujeres que mueren a manos de sus abusadores domésticos ¿qué? Tengo mucho más trabajo por hacer para cambiar la cultura política de Carolina del Sur porque todavía no hemos llegado a donde tenemos que estar.

X

¿Por qué mueren las mujeres más fuertes del mundo?

He aquí nuestra carga como afroamericanos: tenemos que amar a nuestro prójimo, aunque él no nos ame, lo cual resulta un peso difícil de soportar. Vivimos bajo estos sistemas de opresión, presenciando cómo las injusticias se infiltran en nuestras comunidades, sabiendo que nuestra gente es explotada, escupida, degradada, y tenemos que pelear contra ello, pero a la vez amar a los mismos individuos que son parte de esos sistemas de opresión. Uno debe hacerlo incluso si ellos no te aman. Por eso nos aferramos a nuestra religión: porque necesitamos albergar algún tipo de esperanza. Creo que, si fuéramos a reemplazar ese amor con odio, nos comería vivos, no sobreviviríamos como grupo.

Si soportar esa carga requiere brazos fuertes, nadie la soporta como las mujeres negras.

Primero, definamos «fuerza». Cuando trato de analizar a qué se parece una mujer fuerte, pienso en mi tía abuela, Jennie Marie Sellers, la matriarca de nuestra familia. Nacida a principios del siglo veinte, fue educadora en Voorhees College, entrenada en la escuela filosófica de Booker T. Washington e imbuida de la idea de elevarse a uno mismo a través del trabajo duro, el cultivo y la artesanía. Enseñó a los hombres cómo usar sus manos para ganarse la vida y a las mujeres cómo ser dietistas y cuidadoras.

Una mujer llena de recursos y cocinera brillante, usaba el «*goober*», o cacahuete hervido, un elemento básico de la cocina africana, en todo lo que hacía, desde el *cheesecake* a la sopa de ostras. En Carolina del Sur, si algo es increíblemente delicioso decimos: «Tan bueno que quieres abofetear a tu mamá». Sus patatas dulces y tartas de coco, dignas de «una bofetada a la mamá», estaban siempre esperando, seductoras, en los alfeizares de las ventanas, de modo que el aroma a vainilla y nuez moscada te alcanzara antes siquiera de haber atravesado la puerta.

La tía Jennie se sentaba siempre en la primera fila de la iglesia. Se vestía primorosamente, con un enorme sombrero y tanto perfume que, cuando te abrazaba, quedabas oliendo a Chanel por el resto del día. Era ferozmente independiente y siguió manejando su auto hasta pasados los noventa años. Recuerdo que mi padre tuvo que ir a su casa a tener «la charla» con ella, una que tendría que haber ocurrido muchos años antes, porque ya no era capaz de ver en la oscuridad y se chocaba con todo.

Cuando pienso en mis tías Jennie y Florence (la tía Florence que me enseñó a afeitarme), pienso en dignidad, orgullo y cuidado de uno mismo. Nunca temían ocuparse de ti, fuera diciendo una plegaria en la iglesia o abrazándote cuando llorabas. Mi padre observaba a menudo que, para él, durante el movimiento por los derechos civiles la que generó el cambio fue la madre de Emmett Till, la valiente que mostró al mundo cómo lucen el prejuicio y el odio al dejar abierto el ataúd que contenía el cuerpo vandalizado de su hijo.

Mi padre me instruyó a conciencia sobre aquellas personas fuertes que pueden no haber alcanzado notoriedad pero que fueron la columna vertebral del movimiento. Las mujeres fueron las que hicieron que las cosas ocurrieran en el movimiento por los derechos civiles. Por ejemplo, los activistas tenían que pasar el consejo de las mujeres de la iglesia si querían persuadir al ministro (varón) de que incitara a las masas.

Fannic Lou Hamer, una aparcera de mediana edad de Misisipi, no lucía como la brillante estratega que realmente era. Aunque fue golpeada severamente junto con otros activistas mientras viajaban por Misisipi en 1963, siguió siendo una espina clavada en el flanco de la estructura de poder. De hecho, su ampliamente difundido discurso en la Convención Nacional Demócrata de 1964, en Atlantic City, asustó tanto al presidente Lyndon Johnson que lo interrumpió. Con ello sólo logró realzar el perfil de Hamer como una fuerza mayor en la lucha por los derechos al voto y de las mujeres.

No habría una Hillary Clinton ni un Barack Obama si no fuera por el coraje de la congresista Shirley Chisholm, quien compitió para el cargo de presidente en 1972 con el eslogan: «Ni vendida ni sometida». Y, sin embargo, durante su campaña vio cómo las mujeres y los afroamericanos tradicionalistas la abandonaban porque no creían que pudiera ganar.

Pienso en esas mujeres, esos tesoros en nuestras vidas, nuestras estrellas polares. Son la fuerza de nuestras comunidades; nos alimentan cuando necesitamos sustento y nos sostienen cuando lloramos. Y Dios sabe que yo lloro bastante.

· ·

Mientras escribo esto, pienso en mi propia hermana, quien recientemente se quedó conmigo y me sostuvo mientras mi esposa, Ellen, estaba al borde de la muerte, poco después de que nacieran nuestros mellizos. Pienso en cómo meses antes Ellen, decidida a tener nuestros bebés, se preparó con calma para los tiempos difíciles que estaban por llegar.

Zora Neale Hurston, la escritora del Renacimiento de Harlem, describió a las mujeres negras como «las mulas del mundo». Expresándose así a través de Janie Crawford, la protagonista de su clásica novela *Sus ojos miraban a Dios* (1937), Hurston no pretendía de ningún modo insultarlas, sino plantar un beso en la frente colectiva de sus hermanas. La mula es forzada a «trabajar hasta la muerte» y, pese a que «su disposición es arruinada por el maltrato», es capaz de soportar cargas incalculables como lo hace la mujer negra.

Las mujeres negras jamás han tenido verdaderos aliados.

Las mujeres blancas también se sacrificaron y lucharon duramente en el movimiento por los derechos civiles, pero eran apenas un puñado. Las mujeres negras también han luchado contra la opresión de los hombres negros, pero ¿dónde se hallan éstos cuando llega la hora de luchar por ellas?

Después de algo más de cincuenta años, el país está finalmente comenzando a comprender que las mujeres afroamericanas son las que dictaminan quiénes son nuestros representantes o quiénes pueden ser. Lo que presenciamos en 2016 es que más del noventa y cinco por ciento de las mujeres negras votaron por Hillary Clinton, que podría haber sido la primera presidenta, pero el cincuenta y tres por ciento de las mujeres blancas votaron por Donald Trump, alguien que claramente no defiende los derechos de las mujeres. No pretendo saber por qué; de hecho, no me atrevo a hacer conjeturas. Pero diré que las mujeres negras siempre votan por sus propios intereses mientras que otros grupos tal vez no. Les cobran las cuentas a los gobernantes, mientras que otros grupos no. Son la razón por la que obtuvimos los derechos civiles y la razón por la cual pudimos elegir a Barack Obama.

Las mujeres negras contribuyeron también a elegir a hombres blancos, como Doug Jones en Alabama, pero el favor rara vez es recíproco.

El beneficio de su humanidad

A pesar de la importancia de estas mujeres, nadie parece preocuparse por sus problemas de salud. Tenemos grandes discusiones sobre Medicare for All, sobre un seguro de salud universal, y sobre Obamacare, pero nadie se asegura de que las mujeres negras tengan acceso a médicos que las comprendan.

La tasa de mortalidad materna en los Estados Unidos ha ido creciendo. De acuerdo con un artículo de la Organización Mundial de la Salud publicado en 2015, entre 1990 y 2013 esa tasa se ha más que duplicado, de doce a veintiocho muertes por cada cien mil nacimientos. Y de acuerdo con los Centros de Control y Prevención de Enfermedades (CDC, por sus siglas en inglés), las mujeres negras tienen de tres a cuatro veces más probabilidades que las blancas de morir por complicaciones del embarazo o el parto en este país.

Podría haber muchas razones por las cuales las madres negras mueren a tan altas tasas en el país más poderoso del mundo, tales como la falta previa de atención médica y la pobreza. Pero lo que no siempre se puede explicar es por qué mujeres negras con acceso a un buen servicio de salud mueren por dificultades relacionadas con el embarazo y el parto a tasas igualmente altas. De hecho, según los CDC, las mujeres negras con educación universitaria tienen más probabilidades de morir durante el parto o el embarazo que las que carecen de ella, pero pertenecen a otra raza. ¿Podría ser la obesidad un factor? Las mujeres negras de tamaño «promedio» tienen más probabilidades de morir durante el parto o el embarazo que las mujeres obesas de otras razas. ¿Y qué tal las comunidades en las que viven? ¿Podría ser ése un factor? Pero las mujeres negras que viven en las comunidades más ricas tienen más probabilidades de morir en el parto que las mujeres pobres de cualquier otra raza. ¿Qué es lo que está pasando, entonces?

Cada vez más, los estudios muestran que los médicos no perciben el dolor de la mujer negra del mismo modo que el de la mujer blanca. En demasiados casos, las complicaciones del embarazo de una mujer negra no son completamente atendidas.

En febrero de 2019, el gobernador de Virginia, Ralph Northam, se negó a renunciar a su cargo después de que surgiera a la luz un anuario estudiantil de 1984 en el que presuntamente aparecía con la cara pintada de negro y parado al lado de alguien vestido con una túnica del Ku Klux Klan. Un día después de admitir que era su foto, lo negó, y luego dijo, extrañamente, que se había pintado la cara de negro para imitar a Michael Jackson. Lo especialmente traumático para mí y para muchos afroamericanos es que Northam es médico y que la fotografía formaba parte de su anuario de la Escuela de Medicina.

En CNN, el presentador Jake Tapper me pidió que participara en un panel para discutir el caso. Le dije que necesitábamos establecer un estándar de intolerancia al racismo, pero que pensaba que a la gente se le escapaba el quid de la cuestión: Northam es médico. «Hablamos de racismo sistémico todo el tiempo» dije, «pero con doctores que se pintan las caras de negro, ¿cómo crees que atienden a los afroamericanos a su cargo cuando ni siquiera los miran ni les otorgan el beneficio de su humanidad? Es por esto que el racismo está tan extendido y tenemos disparidades en la atención médica. Es un tema más grande que el gobernador Northam».

Sadie y Stokely

7 de enero de 2019. Mi esposa, Ellen, se halla al borde de la muerte.

El sangrado posparto es la razón número uno por la que mujeres de todo el mundo mueren durante y después de él. Y es la razón por la que Ellen estaba luchando por su vida después de parir a nuestros mellizos.

Llegamos al hospital a las tres de la tarde. Nuestro hijo Stokely, llamado así, por supuesto, por mi «tío» Stokely Carmichael, nació a las cinco y veintiocho de la tarde. Sadie, a las cinco y treinta y dos.

Para las once y cuarto de la noche, Ellen no respondía.

Me entregaron dos minúsculos bebés mientras mi esposa se moría. Durante tres horas, éramos sólo ellos y yo.

Ese día había comenzado lleno de tareas y excitación, pero había cierta ansiedad en el aire. Y, sin embargo, todo había sido planeado a la perfección. Sabíamos el sexo de los bebés, habíamos elegido sus nombres, pero unas pocas cosas nos mantenían nerviosos. Nuestra hija se llamaría Sadie, como la tía abuela de Ellen que jamás tuvo nietos. Ellen y yo estábamos muy conscientes de la alta tasa de mortalidad entre las embarazadas negras, sin importar su estatus socioeconómico, lo que llevó a que ella cambiara a su equipo de obstetras por un grupo de médicas negras que se parecían a ella y que entenderían y respetarían sus preocupaciones.

Pese a toda la preparación, nada ocurrió como había sido planeado. Enviamos mensajes de texto a todo el mundo para que quienes vinieran a ver a los bebés se vacunaran contra la gripe, aunque no toda la enorme y amorosa familia de Ellen siguió la instrucción. Mi hermana, que tiene dos niños pequeños, me llamó para contarme que mi padre caminaba de un lado a otro de su casa. Quería venir y hablar con nosotros antes del parto. No le íbamos a negar eso, pero teníamos cosas que hacer, mandados por cumplir. Ellen quería que le hicieran las pestañas, un ritual para la mayoría de las mujeres que conozco. Yo tenía que ir al gimnasio. Kai, mi hijastra de trece años, estaba en la escuela.

Llamé a mi hermana Nosizwe para asegurarme de que estaría en la sala con nosotros cuando Ellen se hallara bajo la anestesia (tenía programada una cesárea), pero no se atrevió a decirme que no tenía autoridad alguna para entrar allí sólo por ser médica. Estaría en el *lobby*, como todos los demás.

Después de cómo resultó todo, se preguntó si yo había presentido algo que había escapado a los demás.

· ·

Ellen quería tener un parto vaginal, pero Dios nos estaba diciendo que los bebés no debían llegar así. Tenía un fibroma, lo que no es inusual, especialmente entre las mujeres negras. Los fibromas son tumores benignos que pueden crecer en el útero. Pueden ser tan grandes como un melón o tan pequeños como un guisante. El de Ellen tenía el tamaño de un durazno. Durante la cesárea, las médicas no sólo advirtieron que el cordón umbilical estaba enroscado alrededor de los pequeños tobillos de Stokely, sino que también él estaba atrapado por el fibroma. Y Sadie también se hallaba encerrada, así que hubo que sacarla tirando de sus pies.

He aquí lo hermoso de todo lo que ocurrió durante el nacimiento de mis hijos. No había un solo hombre en el cuarto, excepto yo. Los mellizos fueron traídos al mundo por mujeres. Tres médicas negras realizaron la operación. Había tres enfermeras, técnicas y anestesistas por cada niño.

El parto no fue fácil para Ellen, pero todo parecía estar bien inmediatamente después. Estábamos encantados de tener dos bebés sanos. Stokely, que pesaba una libra más que su hermanita, se parecía increíblemente a mi familia. Podía ver a mi padre, mi hermano, mi sobrino y yo estampados en su carita. Sadie no tenía ese aspecto de ranita que a veces tienen los recién nacidos. Salió frunciendo los labios, con hermosos ojos grandes. En el sur, si un recién nacido sale algo feúcho, alguien siempre dice: «Bendita (o bendito) sea, será linda al crecer». Pero Sadie era innegablemente preciosa.

Poco después de las once de la noche, enviamos a todo el mundo a casa. Quedamos Ellen, los mellizos, la enfermera de lactancia, que se sentó a un lado de la cama, y yo, que me senté del otro. Trabajamos en tándem para dar el pecho a los bebés. Ellen comenzó a quejarse de que sentía calor y sueño, así que la enfermera y yo tomamos a los bebés, que estaban cada uno en un pecho. Ellen se debilitaba y finalmente se desmayó después de vomitar violentamente. Se despertó mientras yo le acariciaba la cabeza.

—Amor, te desmayaste y vomitaste. ¿Estás bien?

Perdía y recuperaba el conocimiento. Pusimos a los bebés en su moisés y apretamos el botón de emergencia. Corrí al pasillo y grité tan alto y fuerte como pude:

—¿Pueden venir a ayudar a mi esposa?

Llegó una segunda enfermera, pero yo estaba echando humo porque sentía que reaccionaban demasiado lentamente. Creo que muchos en mi lugar habrían querido que se apuraran, sin importar que tan rápidos fueran.

Inmediatamente me comuniqué por FaceTime con la doctora Cannon, la obstetra de Ellen, y también le envié un mensaje de texto. Se estaba poniendo ruleros en el pelo, pero dejó todo y regresó al hospital.

Ellen se despertó en una sala en plena actividad. Una obstetra blanca, que resultó ser nuestra vecina, estaba parada a su lado.

—Tus doctoras están en camino. Oí el código por el intercomunicador y vi que era tu cuarto... Ellen, ¿sabes quién soy? —le preguntó.

—Sí —balbuceó Ellen.

En minutos, todo el equipo de atención crítica estaba dentro del cuarto, incluidas las médicas que habían realizado la cesárea: la doctora Paige entró a toda velocidad con un aparato de ultrasonido; la doctora Cannon chequeó el sangrado y los signos vitales de Ellen; la doctora Freeman examinó su cérvix.

Decidieron que debían volver a intervenir el útero.

—¿Están seguras? —preguntó Ellen. Lo estaban.

Ellen fue sacada en su propia cama y Sadie, Stokely y yo nos quedamos en el cuarto. Arrimé la silla con rueditas del médico y me senté entre sus dos moisés mientras les hablaba y los alimentaba cada vez que creía era la hora.

Una enfermera me trajo un poco de fórmula y unos pezones de plástico. Pasé por un rápido aprendizaje sobre cómo alimentarlos y cambiarles los pañales. Llamé a Nosizwe para que interpretara lo que yo podía no entender. Ya había regresado a su casa, pero estaba dispuesta a pegar la vuelta, a pesar de que implicaba un viaje de noventa minutos. Dijo que jamás había oído tanto miedo en mi voz. Llamé también a mi hermano, que vino al hospital. Nosizwe llamó al padre de Ellen para que su familia supiera lo que estaba ocurriendo. Dos de los hermanos de Ellen corrieron también al hospital. Durante tres o cuatro horas, nuestros familiares estuvieron abajo y yo arriba, solo con los bebés. Ninguno sabía qué ocurría con Ellen.

Lumumba me envió un mensaje de texto.

«¿Cómo la llevas?».

«Asustado».

«Salgo y te llamo» escribió.

Mi hermano es el religioso, el ministro de la familia.

—Respira —me dijo—. Todos dependen de ti en este momento. Así que sé fuerte. Eres el padre y el marido y estás al comando del *show*. Tienes que ser fuerte.

Eso me dio el coraje que necesitaba para hablar con Kai por teléfono esa noche. Estaba aterrorizada.

—¿Mamá está bien? —me preguntaba una y otra vez.

En verdad, no sabía qué responderle. Pero dije:

—Va a estar bien.

—Por favor, no dejes que le pase nada. Mami es todo para mí —repetía.

Ahí es cuando me quebré y lloré. Traté de no hacerlo, pero no pude evitarlo. Así que Kai trató de consolarme.

—Todo va a estar bien —me dijo. Era una auténtica inversión de roles para una chica de trece años.

Mientras esperaba noticias, atendí a nuestros hijos. Cada tres horas, me despertaba para alimentarlos, tratar de dormirlos, cambiarlos, descubrir cómo se hacía todo. Para cuando Nosizwe llegó, ya me había creado una especie de rutina. Me dijo que estaba siguiendo mi instinto.

—Sadie toma cinco mililitros de fórmula cada tres horas, pero Stokely toma siete y medio. Estoy tratando de que tomen de diez a doce —le dije—. Sadie todavía no ha hecho caca, pero Stokely sí. Ya hizo tres veces.

Más tarde, mi hermana concluyó:

—Bakari se convirtió en padre en dos horas.

. .

En tanto, Ellen seguía despierta mientras la llevaban a cirugía. Dijo a las médicas que no podía morir porque tenía que vivir para sus dos nuevos bebés, para su hija Kay, que la necesitaba desesperadamente, y para su esposo. Tres años antes, el amado hermano de Ellen había fallecido súbitamente. Aun al borde de la muerte, ella pensaba en su familia, se preocupaba porque sus padres y hermanos no podrían soportar otra pérdida repentina. Y había tanto que todavía quería hacer.

Las tres médicas la escucharon, le sostuvieron la mano y rezaron. Ellen me dijo que fue en ese momento que supo por qué las había elegido. Sabía que no sólo la atenderían y la escucharían, sino que harían lo que fuera para salvarle la vida.

Antes, Ellen había compartido con la anestesióloga su amor por la extensión de sus pestañas. Cuando entró en el cuarto, dijo: «Oí que se te cayeron unas pestañas». Eso la hizo reír. Le aseguró que estaba en buenas manos. Ellen podía oírla pidiendo sangre y diciéndole a la gente qué hacer y qué tan rápido necesitaba que lo hicieran. Estaba agradecida de cuán en serio se tomaba todo, pero también podía oír en su voz cuán seria era la situación. En ese momento se durmió.

Cuando las cirujanas la abrieron, descubrieron que Ellen estaba sangrando bastante y que la sangre había comenzado a coagularse en el útero. Las médicas retiraron coágulo tras coágulo. Recibió siete unidades de sangre; la mayoría de la gente tiene de nueve a doce unidades en todo el cuerpo.

Si hubiéramos estado en Dinamarca, Carolina del Sur, que ya no tiene hospital, habría muerto. O si hubiéramos estado en Orangeburg, y hubieran tenido que trasladarla a Charleston o a Columbia, o si hubiéramos estado en cualquier pequeño condado rural de un sitio como Alabama y tuviera que ser transportada por aire, no estaría aquí hoy.

Los médicos le insertaron un aparato llamado balón de Bakri, que se usa para controlar la hemorragia posparto. Ellen cree que mi llamada a su médica y mis gritos en el pasillo ayudaron a salvarle la vida, así que, en su mente, no es coincidencia que un balón con un nombre similar al mío también le salvara la vida. Durante su embarazo, habíamos tomado clases de parto. El instructor siempre pregunta a los padres qué esperan y yo siempre dije: «Sólo estoy preocupado por mi esposa».

Ellen también se preocupaba. Una vez me sentó para hablarlo. «Habrá veces en que seremos sólo tú y yo, y tienes que ser mi defensor», me dijo. «Necesitaré que abogues por mí».

Ella cree ahora que Dios nos estaba preparando para la guerra. Ambos estábamos en alerta máxima y tomamos todas las precauciones posibles sin que nadie nos dijera que lo hiciéramos. Me recuerda que cuando se desmayó grité suficientemente fuerte como para que todo el mundo se detuviera y escuchara.

Se despertó de su cirugía luchando, queriendo arrancarse el ventilador de la garganta. Durante las siguientes treinta y seis horas estuvo con soporte vital. Yo iba de aquí para allá, para estar con mi esposa y luego con mis bebés. Ellen recordó que la había besado y le había dicho que debía tranquilizarse. A pesar de que no podía mover las manos, consiguió un bolígrafo de su amiga Tara, que había venido para estar conmigo y los bebés, y escribió: «Esto es un desastre» y «Diles que me quiten esta cosa de la garganta».

El equipo médico se sorprendió de que estuviera tan alerta y capaz. «Pero yo estaba decidida», me dijo después. Estaba resuelta a volver con su familia tan pronto como fuera posible. Cuando las doctoras le dijeron que debía quedarse en terapia intensiva durante varios días, se resistió. Nos permitió llevarle a los bebés en una incubadora sólo una vez, porque temía que se enfermaran con los gérmenes que había allí. También pensaba que sería demasiado para Kai verla en esa situación, hinchada y dolorida, así que insistió en que Kai sólo visitara a los bebés.

Con náuseas después de una dosis de oxicodona, Ellen pidió a las enfermeras que le dieran sólo Tylenol. Quería estar bien consciente de todo lo que sentía, incluso el dolor severo. Le preocupaba que, si se dormía, ya no se despertara.

Seguí visitándola en terapia intensiva, pero trataba de no estar separado de los bebés más de treinta minutos por vez. El hospital era muy seguro. Cada padre debía llevar un brazalete para ir de un lado a otro y una enfermera o un padre tenía que estar con los bebés todo el tiempo.

Ellen salió de terapia intensiva apenas treinta y seis horas después de entrar, el miércoles 9 de enero de 2019. Pudimos irnos a casa dos días más tarde.

«Sé que tuve suerte», dijo Ellen. «Sé que si algún pequeño detalle en toda esa cadena de hechos hubiera ocurrido diferente, muy probablemente no estaría aquí para contarlo. Dios me dio dos regalos milagrosos el 7 de enero de 2019, en las imágenes de nuestros mellizos, Stokely y Sadie. Dios también me puso a prueba, así que puedo compartir mi testimonio. Agradezco a Dios cada día que me haya dejado con vida esa noche porque tengo tanto por vivir y tanto trabajo por hacer».

Mi esposa y yo de ningún modo pertenecemos a la clase alta. Vivimos cómodamente, pero no somos ricos. Sin embargo, podemos permitirnos buscar a los médicos que queremos. Y quizás eso es más importante que el tipo de hospital o cuántos profesionales te están atendiendo. Encontramos médicos que lucían como mi esposa, que claramente entendían sus problemas y a quienes les importaba profundamente su salud.

Todas las médicas que ayudaron a mi esposa son gente que conocemos: estamos en los mismos círculos y asistimos a las mismas fiestas. Fueron capaces de ver por lo que atravesaba y entendieron su dolor; entendieron que no era normal y percibieron la urgencia de lo que tenían que hacer. Porque nos conocían, escucharon.

La equidad en el ámbito de la salud radica en asistir a la gente allí donde está, proveerle una atención de calidad sin importar su origen. En nuestro caso, era cuestión de vida o muerte. Estábamos en posición de buscar y encontrar gente que no sólo lucía como nosotros, sino que nos escuchaba. La mayoría de las personas blancas cuentan con este beneficio como un privilegio; la mayoría de las personas negras, sin importar su condición económica, no.

XI

Por qué ocurrió 2016 y el poder de la retórica

Éste es un extracto del libro de texto de la escuela intermedia de mi padre sobre la historia de Carolina del Sur:

Había más negros que blancos en el estado. Los negros carecían de educación, no sabían cómo se gobierna ni cómo ganarse la vida sin la supervisión del hombre blanco, estaban tan acostumbrados a que alguien se ocupara de ellos que no tenían idea de cómo comportarse en libertad. Robaron ganado y pollos y cerdos, quemaron establos y graneros. No querían trabajar. Eran como niños pequeños escapando de la escuela en el momento en que el maestro se da vuelta. Había tantos más negros que blancos que habrían estado al mando si se les hubiera permitido votar. Casi arruinan el estado durante los años en que votaron. Los blancos estaban decididos a que ello no ocurriera de nuevo. Se crearon regulaciones para impedir que los negros votaran. Hasta hoy, Carolina del Sur es gobernada por el hombre blanco.

Esto fue escrito por Mary C. Simms Oliphant, la nieta del escritor y esclavista sureño William Gilmore Simms. Este extracto, que Oliphant basó en uno de los libros de su abuelo redactados en la década de 1860, se ocupa del período entre la esclavitud y la Reconstrucción. Su trabajo, destinado a los niños, justifica incluso la existencia del Ku Klux Klan y el hecho de que los afroamericanos no debían tener derecho al voto. Por suerte, los maestros afroamericanos de mi padre corregían esta propaganda. Aun así, es importante entender que muchos maestros blancos lo enseñaron religiosamente a sus estudiantes durante décadas, hasta los sesenta o incluso después. Si este tipo de historia distorsionada fue difundida como verídica entre la población negra durante cientos de años y hasta no hace tanto, ¿es tan difícil entender por qué algunos estadounidenses blancos sienten todavía desprecio hacia los afroamericanos?

· ·

Nunca me altero cuando la gente me llama «*nigger*», y me lo dicen mucho. La razón por la que no permito que me moleste es algo que dijo Stokely Carmichael sobre el racismo y nuestra reacción ante él: «Si el hombre blanco me quiere linchar, es su problema, pero si tiene el poder para lincharme, es mi problema». Así que no me engancho en la retórica sensacionalista o los insultos que alguien me lanza. En cambio, me concentro en la gente que tiene el poder de implementar los sistemas de opresión.

Durante las elecciones de 2016, el 8 de septiembre, al candidato presidencial Donald Trump no le gustó que expresara mi apoyo a Hillary Clinton en CNN, así que me «troleó», tuiteando: «@realDonaldTrump Henry McMaster, vicegobernador de Carolina del Sur que me apoyó, derrotó tan aplastantemente al fracasado presentador de @CNN Bakari Sellers. Chistoso».

Luego me bloqueó, así no había forma de responderle.

Pero llegué a lanzarle un tuit de réplica: «Temperamento. Si puedo alterarte desde @CNN, ¿cómo vas a manejar a Putin, @realDonaldTrump? A 60 días (de las elecciones), preocupado por un chico de Carolina del Sur. Triste».

Hallo una gran diferencia entre ese tipo de tonta verbosidad y la retórica peligrosa de Trump y sus acciones, como encerrar a niños en jaulas, tratar de construir un muro, presionar y sofocar a universidades históricamente negras, y... la lista continúa, por supuesto. Lo que realmente llama mi atención son los líderes que impiden a sus propios ciudadanos el acceso a hospitales, escuelas decentes y agua potable.

A pesar de la crítica de Trump por mi apoyo a Hillary, recibo un sueldo como comentarista político de CNN por mis verdades y por contarlas a través de la lente de mi vida, política o no.

Creí firmemente que Hillary podía ganar la presidencia en 2016. Como mucha gente de este país, imaginamos que al menos las mujeres blancas se unirían a los votantes de color para elegir a una mujer en lugar de Trump, que no había mostrado inclinación alguna por los intereses de las mujeres.

Durante ese año electoral, fui adlátere de Hillary Clinton y establecí una relación con la exprimera dama, senadora y secretaria de Estado. Vino a hablar a la escuela primaria Denmark-Olar. Los simpatizantes llenaron el gimnasio para escuchar su propuesta en un tema que me es caro: cómo ayudar a comunidades decaídas como nuestros pueblos rurales del condado de Bamberg. Los trescientos seguidores, en su mayoría afroamericanos, querían saber si Hillary podía arreglar el sistema de Seguridad Social y traer agua potable. Dije a los medios que se habían reunido allí que su visita probaba que había más de un Flint, Michigan.

Hillary también me invitó a hablar en la Convención Nacional Demócrata, lo que acepté con gratitud. Pude participar en ese momento histórico desde mi puesto en CNN.

Para los comentaristas políticos, la cobertura de la noche electoral es nuestro Super Bowl. Antes de la gran noche, esperas recibir la llamada de los ejecutivos de CNN para que te pongan al frente con John King y su «Muro Mágico», con Wolf Blitzer, Jake Tapper, Dana Bash y Anderson Cooper: ¡no hay nada como eso! Es lo que quería: quería ser parte del Super Bowl de la noche electoral, cuando tenemos treinta millones de espectadores.

Me sentí entusiasmado, y honrado, al recibir la llamada de

la vicepresidente de CNN, Rebecca Kutler, y formé parte de la cadena de correos electrónicos que establecía la programación para nuestro día de elecciones. Para ser sincero, todo el mundo en el set creía que Donald Trump sería demolido. Predije que Hillary Clinton obtendría trescientos treinta votos en el Colegio Electoral, como había ocurrido en las elecciones de 2012 con Barack Obama, un triunfo aplastante.

La noche previa había hablado con Steve Schale, un estratega político y gurú de Florida. Dirigió la campaña de Obama en ese estado en 2008 y regresó en 2012 como consejero sénior para la nueva campaña de Obama allí. Gloria Borger, analista política de CNN, había hablado con él la noche anterior. Nos dijo a ambos que había realizado trece simulacros de elecciones y que Hillary Clinton había ganado en todos menos uno. Nos sentíamos realmente muy confiados.

Días antes de las elecciones, había recibido una llamada de una de las estrategas de comunicación de Hillary, Adrienne Elrod, quien me dijo: «La secretaria de Estado quiere que estés en el Javits Center para una fiesta de cuatro horas. Le encantaría si pudieras estar allí. Y le gustaría felicitarte y agradecerte por todo tu gran trabajo en esa noche de celebración».

Sabía que tenía que estar en la TV. Estaría al aire de cuatro a siete de la tarde, lo que significa que haríamos el arranque de la hora pico. Quería estar donde se hacía la historia, pero quería experimentarlo a través de la lente de los medios en Washington, D.C., y en el set de CNN. Antes de responder a la invitación, hablé con Ellen y Kai. Quería que estuvieran conmigo el día de la elección, pero también sabía que estaban muy entusiasmadas por la posibilidad de que una mujer liderara el mundo libre. Existía la chance de que quisieran estar en Nueva York con la presidenta electa. Sin embargo, Ellen se contentaba con lo que yo quisiera hacer, así que elegí quedarme en CNN.

Hubo esperanzas esa noche cuando Hillary ganó Virginia, y sabíamos que contaba con el llamado «muro azul» —estados tradicionalmente demócratas como Pennsylvania, Wisconsin y Michigan—, pero cuando Trump comenzó a socavarlo, se me hizo claro que las cosas no iban bien.

Después de mi momento en vivo, tenía programado ser el anfitrión de una fiesta para seguir los resultados en un bar de D.C. Metimos a escondidas a Kai, que por entonces tenía sólo diez años: iba a hacer lo que fuera para que viera conmigo a la primera mujer que se convertía en presidenta de Estados Unido. Eso, por supuesto, no ocurrió. Sentí que la había decepcionado. No quería que fuera así, pero, como muchos, estaba destrozada. Ellen, Kai y yo regresamos al hotel antes de que se declarara un ganador. Apagué el televisor. Creo que no declararon al ganador hasta las tres de la mañana, pero nos fuimos a dormir a la una —yo ya estaba un poco pasado, como dicen, bebiendo para tratar de olvidar las penas—.

Kai se despertó a la mañana siguiente llorando y preocupada por la posibilidad de que su entrenador de tenis fuera deportado. Tenía un miedo real a causa de los prejuicios, la xenofobia y la retórica de Donald Trump, que llenaban de terror a una niña de diez años. Cuando vuelvo a ese momento, lo encuentro emblemático de algunas de las grandes grietas que tenemos en nuestro país.

El mito

Hay una línea directa y horrible que va de Barack Obama a Donald Trump. La era de Obama fue un período que un columnista de la revista *Slate*, Jamelle Bouie, describió como una tregua racial, o un relajamiento temporal de las hostilidades raciales, que se apaciguaron al principio de su presidencia, pero hirvieron luego hasta desbordarse en la elección de Donald Trump. Lo traigo a colación porque quiero acabar ahora y para siempre con la presunta teoría de que los votantes de este país tenían ansiedades económicas. Simplemente no lo creo. Se necesitaría una cantidad infernal de ansiedad económica para dejar de lado la xenofobia, el racismo, el prejuicio y la misoginia del candidato. El temor mayor no es económico, sino cultural: el temor de que, de algún modo, la gente morena y negra vaya a reemplazar a los blancos. En 2042, en los Estados Unidos de América habrá una «minoría mayoritaria», es decir que personas no blancas compondrán la mayoría de la ciudadanía estadounidense, y eso aterra a alguna gente. Esto es lo que impulsa nuestros actuales discursos y retóricas políticos. Donald Trump apela a esos miedos y logró realizar la mayor estafa del planeta.

Pero yo no creo que los votantes sean tan estúpidos. No creo que alguien que usa un váter de oro pueda de pronto hablar de lo que significa ser un obrero en una fábrica o en nombre de alguien que trabaja en una granja todos los días. No creo que alguien que comenzó con un préstamo multimillonario de su padre entienda los aprietos de la clase trabajadora estadounidense. Y no creo, ni en sueños, que todos los simpatizantes de Trump sean racistas. Sin embargo, la gente estaba dispuesta a ignorar los prejuicios de Trump.

Después de la elección de Barack Obama, se habló de unos Estados Unidos posraciales. Pero en su discurso de despedida de 2017, Obama dijo que «esa visión, sin importar cuán bien intencionada, jamás fue realista. El tema racial sigue siendo una fuerza poderosa y divisiva en nuestra sociedad».

Obama ganó la presidencia porque logró convocar a un electorado diverso que se sumó al ya existente electorado demócrata, y él tenía un talento político de esos que se dan una sola vez por generación. Aun así, es imposible entender los años pasados, o la elección de Trump, sin comprender en su totalidad el rol prominente del tema racial en la política de los Estados Unidos.

Sí, el racismo ha estado siempre allí, pero un presidente negro casi llevó al país al otro lado en términos políticos. La efervescencia tóxica que rodeó a Obama se coló en la política de nuestro estado. En Carolina del Sur, el mundo de la política, incluida mi amiga Nikki Haley y mi viejo adversario y ahora gobernador Henry McMaster, se negaron a considerar medidas que habrían mantenido con vida, literalmente, a los votantes blancos y permitido que nuestros hospitales siguieran funcionando. La expansión de Medicaid habría añadido cuatrocientos mil empleos y miles de millones de dólares de ingresos al estado. Pero ambos, y virtualmente todos los demás republicanos, estaban en contra por su oposición a la Affordable Care Act (la ley de seguro de salud) de Obama. El triunfo de Trump es un claro ejemplo de un electorado que vota contra sus propios intereses. No es un fenómeno nuevo, por supuesto, pero jamás ha sido suficiente para ganar una elección hasta ahora.

El racismo está profundamente enraizado en nuestra política y en nuestras relaciones políticas, como demuestra el libro de texto de mi padre. La gente blanca y pobre de Carolina del Sur no está en mejor posición que la gente pobre y negra, y sin embargo no estoy seguro de que lo entiendan así. Mi padre a menudo habla sobre una anciana pareja blanca del condado de Bamberg que es tan pobre que usa su cortadora de césped para llegar a Piggly Wiggly, al igual que nuestros vecinos negros. Colocan una tabla de madera en la parte trasera para poder subirse ambos.

Esta pareja tiene dificultades como todos en el sur rural. El hecho de que Carolina del Sur sea un estado muy republicano hace que muy probablemente sus amigos y parientes voten por ese partido y que lo hayan hecho en el pasado, en contra de políticas que podrían ayudarlos a comer y sobrevivir. Pero los legisladores que ellos eligen votan contra esas políticas porque alguna gente en ciertos círculos políticos y mediáticos considera que esas políticas están dirigidas a ayudar sólo a la población negra pobre. ¿Cómo es que los blancos pobres justifican el votar contra sus propios intereses?

Mi padre cree que todo se reduce a estereotipos y a la falsa historia que nos han enseñado a los carolinos del sur: que la gente negra no tiene nada que ver con la construcción de este país, que somos haraganes y aniñados, que fuimos tratados con amabilidad por los esclavistas. Alguna gente cree, incluso hoy, que la Guerra Civil no fue librada en favor y en contra la esclavitud y que casi destruimos Carolina del Sur durante la Reconstrucción. Algunos escritores han observado que Carolina del Sur existe en un universo paralelo. Bueno, tal vez eso tenga algo que ver con una incorrecta educación.

No seas egoísta en tu lucha

Mi abuela siempre decía: «No te puedes caer del suelo». Es uno de esos dichos de la gente mayor que nunca entiendes del todo cuando eres niño. Sin embargo, a medida que el tiempo pasa y maduras, entiendes exactamente qué querían decir.

Un montón de afroamericanos han quedado en el suelo tras el golpe bajo de la elección de Trump, pero un montón de otras personas están allí con nosotros: gays americanos, musulmanes americanos, los discapacitados y las mujeres de todas las razas. Los blancos pobres del campo están allí abajo también, excepto que están esperando, irracionalmente, que alguien —por ejemplo, Donald Trump— los ayude. Así que nos han tirado al suelo; pero ahora no podemos caer o ser empujados más abajo.

El desafío es conseguir que la gente entienda que no podemos ser egoístas en nuestra lucha. Y, sin embargo, por alguna razón, muchos de mis aliados políticos lo son.

Siempre le digo a la gente: nunca vas a encontrar a alguien que crea más en el derecho de una mujer a elegir que yo. Estaré en primera línea, marchando. Pero cuando un joven negro es asesinado en las calles, un hombre que luce como yo, que no recibe el beneficio de la humanidad, espero que marchen conmigo esas mismas mujeres blancas con las que antes marché. La lucha contra el poder político opresivo exige ahora la rendición de cuentas.

· ·

Tendría que escribir otro libro para explorar las cuestiones en torno a la raza y la religión. Pero, si lo hiciera, sostendría que una de las historias más decepcionantes en la división racial de nuestro país ha sido el silencio de los hombres evangelistas blancos. La gente puede poner los ojos en blanco cuando digo esto, pero creo firmemente que, en mi relación con Dios, estaré antes en la fila para entrar al Cielo que Jerry Falwell Jr. y otros herederos evangélicos como Franklin Graham III.

¿Por qué no han hablado estos líderes cristianos ante la matanza de hombres negros a manos de la policía? ¿Por qué no han apoyado al movimiento #MeToo, o protestado cuando los niños inmigrantes fueron arrancados de sus familias? ¿Por qué se mantuvieron en silencio después de la marcha de supremacistas blancos en Charlottesville, Virginia en 2017?

Raza, religión y poder pueden resultar complicados, pero ignorar la compasión es mala praxis.

· ·

Barack Obama fue demasiado cauteloso en el tema racial, y a
menudo la población negra sólo consiguió medidas reactivas
e insuficientes. A menos que se les pregunte a los conservadores y a muchos blancos, que a menudo veían a Obama del
lado de los afroamericanos en contra de la policía, la cuestión
más espinosa para el presidente fue el movimiento Black
Lives Matter. Al movimiento, a los ataques policiales que en-
frentaba y al resentimiento blanco que precipitó se atribuye,
en parte, el triunfo político de Donald Trump.

Buena parte de la frustración blanca brotó del surgimiento
de Black Lives Matter y de la tibia defensa de Obama. Yo
digo que, si vas a meterte en el asunto, más vale meterte con
todo, porque te van a echar la culpa de todos modos.

A menudo ha habido un grupo de personas gritando a
toda voz sin que nadie los oiga. En los sesenta, unos manifestantes anónimos llevaban carteles que simplemente decían:
«Soy un hombre». Ahora tenemos una nueva ola de activistas
de Black Lives Matter que han encendido esa pasión por el
activismo no por capricho, sino por pura necesidad.

La pregunta es: ¿cuántos de nosotros tenemos que morir
antes de que alguien haga algo? Si esperamos que los estadounidenses de más edad hagan algo, la probabilidad no
es muy alta. Es un hecho innegable que las vidas de las personas de color importan, pero a algunas personas les gusta
decir: «*Todas* las vidas importan». Sin embargo, eso es como
decir en una marcha para suscitar conciencia sobre el cáncer

de pecho: todo tipo de cáncer importa. Es verdad: todas las vidas importan. Pero nadie cuestiona el valor de las vidas de los policías en este país, ni de las vidas blancas. Lo que sí está en cuestión es el valor de las vidas negras, como ha ocurrido durante cuatrocientos años.

Ahora bien, puede que yo no sea un miembro formal de Black Lives Matter, o un organizador del movimiento, pero los apoyo en todo lo que hacen. Tenemos desacuerdos sobre algunas políticas o sobre cómo se hacen ciertas cosas, pero así son los movimientos de protesta: complicados.

Un montón de mis colegas sienten que el activismo debe realizarse fuera del sistema. Es necesario para algunos, ciertamente, pero yo miro a los Julian Bond y los Andrew Young del pasado y sé que quiero ser un activista desde adentro. Y no estoy solo. Ahí está Wes Bellamy, el concejal de la ciudad de Charlottesville; Mandela Barnes, la vicegobernadora de Wisconsin; Michael Blake, miembro de la asamblea estatal de Nueva York; y muchos otros. Están Andrew Gillum de Florida y Stacey Abrams de Georgia. Somos una nueva generación de activistas, y creemos que nuestra tarea es deconstruir esos sistemas de opresión desde adentro.

Hay muchas personas y grupos que, en lugar de ser las antítesis unos de otros, atacan al virus del odio y el racismo, la opresión y el prejuicio, desde diferentes ángulos. Todo es necesario. No tendríamos hoy una Ley de Derechos Civiles y una Ley de Derecho al Voto si no hubiéramos tenido un movimiento de poder negro y una Conferencia Sur de Liderazgo Cristiano y todo y todos lo que ha habido en medio de ambos. ¿Por qué atacar desde todos los frentes? Porque no se puede meramente protestar en las calles sin propuestas políticas. No importa si uno canta «No puedo respirar» para protestar por la muerte de Eric Garner, si no se obliga a la Policía a rendir cuentas, en términos judiciales y legislativos.

Así que, ¿qué quiero? Quiero lo mismo que quería mi padre. Quiero lo que querían todos mis «tíos» y «tías» que fueron parte del movimiento por los derechos civiles.

Quiero libertad.

¿En qué consiste? Libertad respecto de la discriminación, incluida la discriminación en las urnas. Libertad respecto de la violencia, desde el terrorismo doméstico que se llevó a Clem Pinckney a la violencia por parte de la policía, que mata a personas negras desarmadas como Michael Brown, Eric Garner, Keith Lamont Scott y Walter Scott. Libertad para vivir en comunidades donde nuestros niños no beban agua que contiene plomo, comunidades que tengan hospitales y barrios seguros. Quiero que podamos desarrollar todo nuestro potencial, lo que significa escuelas iguales, oportunidades económicas e iniciativas empresariales.

Nuestro desafío es más amplio que el de la generación de mi padre. La suya estaba enfocada en el acceso igualitario: querían dar poder a las comunidades a nivel económico, político y social, pero también querían sentarse en los mismos mostradores, beber de las mismas fuentes de agua e ir a las mismas escuelas.

Yo quiero que este país que amo expíe sus culpas por la

esclavitud, por la segregación de las leyes de Jim Crow, por el complejo carcelario-industrial y por la actitud ambivalente ante la violencia estatal contra hombres negros desarmados.

Como mi padre, y su padre y —no lo dudo— también el suyo: todos merecemos ser libres e iguales.

Sus ojos miran

No estamos seguros de dónde sacaron sus grandes ojos Stokely y Sadie. Cuando te miran, es como si penetraran en tu alma. Quizás esas miradas sabias provienen de que entraron a este mundo luchando y superando obstáculos, y ahora están esperando ver cuál será la siguiente movida de su papá y su mamá.

Después de que mi esposa apenas sobreviviera el parto, en enero de 2019, pudimos regresar a casa, pero el terror visceral del siguiente capítulo apenas había comenzado a develarse. Ellen y yo veíamos a Sadie morir un poco cada día. Había nacido con atresia biliar, una rara enfermedad en los recién nacidos. Dicho simplemente, es una enfermedad de los conductos biliares y el hígado. La tiene uno de cada doce mil bebés en el país.

El primer año de la vida de Sadie fue brutal para todos nosotros, pero ella es fuerte como Ellen. Encuentro tristemente poético que la madre de Sadie luchara por su vida para que nuestros bebés llegaran al mundo y que la pequeña Sadie tuviera que esforzarse igualmente para quedarse. Stokely, mi niño, es fuerte a su modo. Dado que estuvimos aquí y allá, estuvo sin nosotros durante un largo período. Mientras tanto, Sadie se enfermó más, pero no había nada que pudiéramos hacer. Había noches en que Ellen preguntaba: «¿Dios nos dio esta bebé sólo para llevársela?». Cuestionábamos nuestra fe y a nuestros doctores; lo cuestionábamos todo. Pero al final, todo lo que teníamos era a Dios, nuestra fe y los buenos médicos de Duke University.

Esperamos y esperamos por un trasplante. Mi trabajo era encargarme de que Ellen aguantara un día más. La panza de Sadie se puso muy grande, siendo ella tan delgada, y su piel se volvió amarilla. Esos meses de espera fueron puro infierno.

Estuvimos en la lista de donantes durante noventa y tres días. Cada uno fue extremadamente difícil, porque veíamos morir a nuestra hija. Según lo dispuso el destino, el viernes 30 de agosto, recibí una llamada frenética de mi sobrina, Skyla, mientras se oía a mi esposa llorar al fondo. El doctor Rucker, padre de Ellen, acababa de morir. Lo encontraron en su tractor. Había estado quitando piedras y rocas del bosque, preparándose para la temporada de caza de ciervos. Tuvo un infarto masivo y murió literalmente haciendo lo que amaba. Así que salí corriendo y conduje durante una hora y media hasta casa. Llamé a mi hermano y a mi hermana, que también vinieron. Ellen luego viajó a Lancaster para estar con su familia, pero yo me quedé con los mellizos. Kai era la protectora de su madre. Mientras yo estaba con Sadie y Stokely, ella cuidó a Ellen.

El mismo día, Ellen me llamó para decirme que Duke University la había contactado para informarnos que tenían un hígado. Le dije que no se entusiasmara, porque a veces no resulta, y que siguiéramos haciendo lo que teníamos que hacer. Empacamos el auto el domingo y condujimos hasta Duke. Estuvimos en el hospital todo el día preparándonos para el trasplante. Supimos que el hígado había llegado porque pudimos oír aterrizar el helicóptero. El proceso entero era fascinante. A la hora de la cirugía, todo está cronometrado. De modo que abren a Sadie, sacan el hígado y el otro ya está allí, listo para ser injertado. No hay un solo segundo que perder. Es atroz. Nuestra niñita pasaba por un trasplante y yo estaba sentado, nervioso, junto a mi esposa, pero Ellen no estaba nerviosa. Su mente estaba ocupada planeando el funeral de su padre. Después del trasplante, le dije que volviera a Lancaster para compartir el duelo con su familia. Yo me quedé tres días en el hospital con Sadie. Varios días después, Vince Carter jugaría un papel importante. Estuvo con Kai antes y después del funeral, que tuvo lugar el 7 de septiembre. Nuestra familia puede no ser tradicional, pero siempre estamos allí para los demás.

Después de ver a Sadie regresar viva tras el trasplante, quisimos asegurarnos de que el tratamiento fuera accesible para todos los niños que sufren enfermedades del hígado, así que creamos el Fondo Sadie Ellen Sellers en el Hospital de Niños de Duke.

Hoy, Sadie te da besos con la boca abierta y corre por la casa. Es muy verbal, pero Stokely habla todavía más que ella. Te dice exactamente cómo se siente y Sadie sigue a su hermano, riéndose todo el tiempo.

Sadie superó su enfermedad, y es mi trabajo asegurarme de que no tenga que superar injusticias. Ahora que Ellen y yo somos padres de tres niños negros en los Estados Unidos de Trump, debemos dedicarnos a la tarea de cambiar el mundo. Es nuestro trabajo ayudar a deconstruir los sistemas de opresión que han consumido las vidas de tantos afroamericanos. Es un desafío que se ha vuelto muy real para nosotros a medida que vemos crecer a nuestros hijos. No queremos que Sadie y Stokely vivan en un mundo en el que sólo hay agua no potable o no hay hospitales. Para ser brutalmente honesto, no quiero que Sadie termine como Sandra Bland o Stokely como Philando Castile. Quiero que vivan para desarrollar todo su potencial. Quiero que comprendan que portan una corona sobre la cabeza.

Ellen y yo tenemos un gran desafío por delante. Las repercusiones de Trump no terminarán en cuatro años; permanecerán con nosotros para siempre. El país necesitará un exorcismo completo. Como dice mi madre: «Habrá que comprar salvia».

Pensaba en el futuro de mis hijos mientras era entrevistado por John Berman, de CNN, sobre el trasplante de Sadie. Me imaginaba abriendo paso para mi hija, que espero y creo que llegará a tener control de su propio futuro.

«Esos noventa días fueron un infierno», le conté a Berman. «Así que ahora estamos preparando el camino para que Sadie se convierta en la próxima presidenta de los Estados Unidos».

Querida familia donante:

Escribimos para expresarles nuestra más sincera gratitud. Las palabras no pueden realmente hacer justicia al aprecio que tenemos por su familia. Nuestra Sadie estaba muy enferma, y necesitaba desesperadamente un nuevo hígado. Su familiar dio a nuestra hijita el don de la vida.

Sadie es melliza y nació con una rara enfermedad llamada atresia biliar. Estuvo enferma toda su vida hasta el trasplante. Agonizamos durante noventa y tres días en la lista de espera, rezando esperanzados. El 30 de agosto, nuestras vidas cambiaron de tantas maneras. El patriarca de nuestra familia, el abuelo de Sadie, que no estaba enfermo, murió a las nueve esa mañana, y a las cinco de la tarde de ese mismo día, los doctores de nuestra hija llamaron para decir que tenían un hígado para ella.

Sabemos que este es un momento doloroso en sus vidas y que no podemos realmente comprender su pena. Sentimos mucho su pérdida. Por favor, sepan que celebraremos a su familia y que estaremos siempre agradecidos por el regalo que han dado a nuestra hijita. Ustedes salvaron su vida. Por eso, nuestros corazones están llenos de agradecimiento.

¡Gracias!

AGRADECIMIENTOS

Mi país se desvanece es un auténtico acto de amor y no podría haberlo realizado sin el apoyo, aliento y la fe de mucha gente. Sería imposible nombrarlos a todos, pero debo empezar con mi familia. No tengo una familia muy grande, pero mi madre y mi padre son mis héroes, mis auténticas guías. Hicieron lo necesario para que, mientras crecía, tuviera las herramientas para intentar alcanzar mis metas. Nosizwe y Lumumba, mi hermana y mi hermano, han estado siempre allí para mí, aun mientras tratamos de lidiar con las expectativas de la vida y enorgullecer a nuestros padres. Aunque ya no están, debo unas enormes gracias a mis abuelos por darme tanto a través del ministerio religioso, el servicio militar, los negocios y las aulas. Sus lecciones sobre el servicio a la comunidad me dieron una guía sobre cómo dar, así como una razón para sentirme orgulloso y seguro de mí mismo.

Realmente me considero hijo del «Movimiento». Para todos aquellos que se sacrificaron y sangraron por las libertades que tenemos hoy: éste es un homenaje para ustedes.

«Amistad» es una palabra de la que se abusa, pero las contribuciones de Jamil «Pop» Williams, Jarrod Loadholt, Brandon Childs, Brian Fitch, Jason Mercer, Rob Hewitt y Anthony Locke no pueden ser minimizadas. Mientras nos convertimos en padres y esposos, espero que un día busquen este libro, lo desempolven un poco y les muestren a sus hijos las páginas sobre cómo nos transformamos de niños en hombres.

También tengo una tremenda deuda de gratitud con HarperCollins y mi equipo. Toqué en vano a las puertas de veinte editoriales que esperaba escucharan mis ideas. Sin embargo, Tracy Sherrod, Judith Curr y Patrik Henry Bass no sólo respondieron mi llamada, sino que me invitaron a sus oficinas en Nueva York para que me vendiera y a mi historia. A Paul Fedorko, Tatsha Robertson y Crystal Johns: ustedes nunca se rindieron y, atravesando todas las frustraciones, creamos un libro que espero pueda impactar en las vidas de muchas generaciones por venir. Gracias, Jeff Ourvan, por tu atenta lectura.

Mis cuatro años en Morehouse College me cultivaron hasta convertirme en el hombre que soy hoy. Morehouse fue el lugar que puso esa corona sobre mi cabeza y me desafió a seguir trabajando y creciendo hasta alcanzarla.

Por último, estas son las frases más emotivas de todo este libro. Ellen, te amo tanto. Mi leal compañera, lo eres todo. Dándome la fuerza para enfrentar los desafíos de cada día, me permitiste volcar mi corazón en papel. Kai, Stokely y Sadie: daré todo cada día para que puedan ser libres. Papá los quiere.

SOBRE EL AUTOR

Bakari Sellers es analista político en CNN y el miembro más joven en toda la historia de la legislatura estatal de Carolina del Sur. Incluido en la lista de «Los 40 de menos de 40» de la revista *TIME* en 2010, también es abogado que lucha por dar voz a los que no la tienen.